Cómo vencer la depresión

Colección

Experiencias

CAMBIO DE COMPORTAMIENTO Y AUTORREALIZACION
Jorge Renato Johann

COMO CONSEGUIR AMIGOS
J. Maurus

COMO FORMAR LIDERES
Silvio Botero, 5a. ed.

COMO TRABAJAR LOS SENTIMIENTOS
Miguel Lucas, 6a. ed.

CONOCERSE: UN CAMINO PARA SER FELIZ
Miguel Lucas, 2a. ed.

CRISTOTERAPIA
Bernard Tyrrell, 5a. ed.

CULTIVE SU AUTOIMAGEN
J. Maurus, 2a. ed.

CULTIVE SUS SENTIMIENTOS
J. Maurus

CURSO DE MEDITACION INTEGRADA
Marco Vinicio Rueda, 5a. ed.

EL EVANGELIO PARA TU LIBERTAD
Carlo Maria Martini y colaboradores, 2a. ed.

EL CUERPO HABLA
Pierre Weil - Roland Tompakow

EL OTRO LADO DEL HOMBRE
Miguel Lucas, 2a. ed.

ESCUELAS PSICOLOGICAS Y PSICOTERAPEUTICAS
Rafael Prada, 3a. ed.

ESQUEMAS DE TRABAJO PARA UN ANIMADOR DE GRUPOS
Silvio Botero, 5a. ed.

EVANGELIO PARA JOVENES
Silvio Botero, 4a. ed.

FENOMENOS PARANORMALES Y DONES MISTICOS
Vittorio Marcozzi

GRUPOS JUVENILES Y VOCACIONALES
María de Jesús Alzate

HOLISTICA: UNA NUEVA VISION Y ABORDAJE DE LO REAL
Pierre Weil

LA PARAPSICOLOGIA EN EL EQUILIBRIO INTEGRAL
Miguel Lucas, 3a. ed.

LOS FENOMENOS PARANORMALES
Paola Giovetti

LOS SUEÑOS Y LA SANACION
John A. Sanford, 2a. ed.

MANUAL DE PARAPSICOLOGIA
Armando Pavese

PASTORAL JUVENIL
Antonio Carlos Hualde, 5a. ed.

PSICOLOGIA DEL JOVEN
Antonio Carlos Hualde, 5a. ed.

RELAJESE Y VIVA FELIZ
Núbia Maciel Franca - Haroldo J. Rahm

SABER LEER HOY PARA EL MAÑANA
Reynaldo Becerra

SEA SU PROPIO PSICOLOGO
Miguel Lucas, 3a. ed.

SEXUALIDAD Y AMOR
Rafael Prada, 2a. ed.

TERAPIA A SU ALCANCE
Rafael Prada, 3a. ed.

COMO VENCER LA DEPRESION
Marc Schwob, 3a. ed.

Marc Schwob

Cómo vencer la depresión

SAN PABLO

Tercera edición

Titulo original
Pour Vaincre la deprime

Traducción
Isabel Corpas de Posada

Carrera 46 No. 22A-90
FAX: 2684288
Barrio QUINTAPAREDES

Distribución:
Departamento de Ventas
Calle 18 No. 69-67
Tels.: 4113955 - 4113966 - 4113976 - 4114011
A.A. 080152 - FAX: 4114000
Barrio MONTEVIDEO - SANTAFE DE BOGOTA, D.C.

SANTAFE DE BOGOTA, D.C.
COLOMBIA

A mi madre

INTRODUCCION

La depresión es un dolor moral atroz, tan intolerable e insoportable, incluso en sentido literal, como el peor sufrimiento físico.

Frente a la depresión nadie puede permanecer indiferente: ni el que la padece ni los que lo rodean.

La depresión podría ser una tragedia, pero gracias a una verdadera revolución de la medicina y al ingenio con que se trata, se ha convertido en una enfermedad como cualquier otra. Hoy es posible curar la depresión sin que queden secuelas.

Sin tratamiento, la evolución favorable de una depresión puede durar entre seis y diez meses. Tratada, el mismo resultado se logra en la mitad del tiempo. En ambos casos, la depresión nerviosa sigue siendo una experiencia inolvidable para quien tiene que vivirla: el sufrimiento, físico o moral, deja su huella indeleble que, al revelar alguna debilidad en la capacidad de adaptación, hace posible enfrentar y reforzar dicha capacidad. Después de una depresión, sus víctimas se encuentran mejor armadas para resistir al estrés y a los traumatismos psicológicos que los habían hecho tambalear. Sobre todo, si durante el tratamiento hizo una psicoterapia adaptada a su caso, a su tipo de depresión y a su perfil psicológico. "Nadie avanza mientras no sufra", decía Freud. ¿La depresión nerviosa no podría ser, entonces, una de las etapas necesarias para lograr una adecuada madurez moral y psicológica? La pregunta se puede plantear.

No era absurdo considerar anormal cualquier depresión y calificar como "enfermo" al individuo deprimido tanto más, si se tiene en cuenta que esta enfermedad estaba considerada como algo muy próximo a la "locura". Ahora bien, puede ser lo contrario: quien no reacciona a los estrés negativos que amenazan la existencia, quien no se preocupa de los fracasos que puede experimentar, no puede evolucionar y avanzar en su desarrollo psicodinámico. Este individuo difícilmente logrará adaptarse en un mundo cambiante y llegará el momento en que la presión externa será tan intensa que no podrá escapar a ella. Entonces no buscará refugiarse en la depresión sino en otra forma de protección: un tipo de enfermedad siquiática más severa y menos curable que pertenece al campo de las grandes neurosis y psicosis. ¿Podría, entonces, pensarse que la depresión sería una forma de protegerse contra las enfermedades mentales propias de nuestro siglo? La hipótesis merece examen.

Depresión y civilización

La depresión no es sólo la herencia que nos dejaron los románticos, con Vigny y Musset a la cabeza. El esplín baudelariano ya había sido presentido, descrito e incluso analizado, desde la antigüedad por médicos y filósofos.

Desde los albores de la historia de la humanidad se tuvo el concepto de una dualidad esencial del ser humano. Es decir, que se le consideró compuesto de dos partes indisolubles e indispensables entre sí, de manera tal que cualquier separación de dichas partes daría lugar a individuos enfermos y anormales, esto es, diabólicos. Una de estas partes era la envoltura material del ser, el soma, cuerpo palpable, visible y sometido a las leyes que rigen el mundo de los seres vivientes. La otra era la parte no material del hombre, la única que le daba la facultad de ser y de estar en el mundo: era el sique, el ánima, el alma, sometida a los dioses y no al universo, accesible únicamente para su "poseedor", para las divinidades mismas y para aquellos individuos privilegiados que podían entrar en contacto con ella. La medicina del espíritu y su enfermedad sagrada, la locura, estuvo marcada desde tiempos remotos por este carácter místico, filosófico y religioso que le imprimía su especificidad. Lo cual hace que quienes necesitan beneficiarse de ella o acudir a ella, experimenten una cierta extrañeza en el sentido propio del término: inquietud y respeto, el mismo que merecen quienes se acercan, a veces a pesar de ellos, a aquellas regiones en que lo humano se le disputa a lo divino.

Deprimirse es hundirse: hundirse en sí mismo, caer en los abismos del espíritu, en una caída sin fin hacia una oscuridad cada vez mayor pero que parece acercar cada vez más a una claridad oscura y desesperadamente última. "Caía, caía sin cesar...", escribió Víctor Hugo en su poema El fin de Satán: ¿El ángel negro y caído, en su caída infinita, no es el más hermoso símbolo del deprimido que penetra en el remolino de las sombras de su espíritu, de su propia nada y, finalmente, en el anonadamiento de su alma? Así consigue alcanzar lo que originalmente era, antes de entrar al mundo material hecho de sufrimiento e inutilidad.

Según la OMS, entre 120 y 200 millones de personas sufren de depresión, y las estadísticas europeas muestran una progresión impresionante de esta enfermedad en los países industrializados: según una investigación reciente, un 25% de nuestros conciudadanos están deprimidos y esta afección ataca a individuos cada vez más jóvenes, preferentemente de sexo femenino.

En el origen de los estados depresivos se encuentra, sobre todo, trastornos en el medio ambiente, pérdida de tradiciones con ruptura de lazos familiares, abandono de la religión, pero también preocupaciones de orden material y la soledad que conduce a replegarse sobre sí mismo.

La depresión asume muy diversas formas, desde una gran tristeza hasta signos físicos de enfermedad, lo cual dificulta su identificación. Pero no su curación. Desde los grandes tratamientos antidepresivos clásicos hasta las nuevas moléculas llenas de esperanza, la farmacología está abriendo todos los días nuevos horizontes.

Además, los tratamientos llamados complementarios son particularmente útiles para sacar al deprimido de su aislamiento doloroso y de su pena moral. Cabe mencionar, principalmente, la kinesiterapia, que disminuye la tensión muscular y mejora el sueño o el tratamiento revolucionario por medio de la luz que ofrece literalmente a algunos deprimidos una luz de esperanza en medio de la oscuridad.

También son valiosos los modernos tratamientos como la terapia cognitiva que consiste en ayudar a tomar conciencia al paciente no solo de aquello que él percibe como negativo y a identificarlo con precisión, sino también a buscar en el recuerdo todas las vivencias positivas. Lo mismo puede decirse de los tratamientos que se fundamentan en la creatividad: la pintura, por ejemplo, es un excelente reflejo del humor que vale la pena estimular. De hecho, hay que hacer todo para sacar al deprimido de su aislamiento.

Depresión y sociedad

La depresión asusta, la psiquiatría también. Dice un refrán que "el psicólogo hace sonreír, el psicoanalista hace reír, el psiquiatra hace correr". Muchos errores y prejuicios convierten al "cliente" del "silo que sea", unas veces en objeto de irrisión, y siempre de preocupación. Porque los primeros síntomas de la depresión no están lejos de la verdadera depresión, ni ésta de la enfermedad mental. Y esta última suele considerarse como "locura".

Erasmo hizo el elogio de la locura; nosotros hemos hecho de ella un moderno gueto. Un gueto ciertamente aséptico, sin los miasmas contagiosos de otros "pestilentes" contemporáneos como son los enfermos de cáncer y de sida, para quienes la discriminación es aún mayor que para los "enfermos mentales". No obstante, estos últimos son considerados víctimas de lo que podría llamarse "la peste blanca": se considera el estar deprimido como una tara, el haber tenido una depresión como un estigma indeleble y el frecuentar el psiquiatra como una falta imperdonable para la sociedad (basta consultar cualquier formulario de una compañía de seguros de vida para constatar el aumento en las primas para quienes incluyen la "depresión nerviosa" entre sus antecedentes) y para sus allegados. Estos últimos suelen ser los más traumatizados con las palabras depresión, psiquiatra, psiquiatría.

Ahora bien, cada uno de nosotros resulta afectado por la depresión en algún momento de su vida, ya sea directamente o por medio de aquél a quien ama. Pero lo olvidamos con demasiada frecuencia y preferimos cerrar los ojos ante las posibles debilidades de nuestra alma, de nuestro espíritu, de nuestra psiquis —según nuestro vocabulario y nuestras creencias— y ante la probabilidad de tener que recurrir, para curar esa parte de nuestro cuerpo que queremos ignorar, a una de las ramas de la medicina: la psiquiatría.

Esta especialidad médica que fascina, que nutre las conversaciones de sociedad, que llena las columnas de los periódicos y los discursos políticos, resulta, paradójicamente, constantemente desvalorizada, incluso por los mismos médicos. Una especie de imagen de Epinal sólo quiere ver en la psiquiatría un discurso abstracto y esotérico, portador de "miasmas" en lugar de alivio para aquellos y aquellas que sufren.

DE LA DEPRESION NORMAL A LA DEPRESION ENFERMEDAD

La edad normal de la depresión

En toda persona existen momentos especiales, generalmente llamados momentos de cambio, durante los cuales se producen depresiones. Son momentos de depresión, diferentes de la enfermedad depresiva, y, como se dijo antes, totalmente normales. Esta depresión puede ser un fenómeno no solo natural sino benéfico para el ser humano. Así lo han confirmado las investigaciones realizadas por el psicoanálisis. Ya en 1915, cuando escribió *Duelo y melancolía,* Freud describió la depresión como "pérdida de interés por el mundo exterior, pérdida de la capacidad de amar e inhibición de toda actividad". Y hacía notar que todo lo anterior se producía cuando una persona tenía un duelo. Anotaba, además, que la depresión estaba acompañada de desvalorización de sí mismo y de agresividad contra sí mismo o contra las personas cercanas.

Freud observó que el estado de duelo es producido por la pérdida de un ser amado, mientras que en el estado de melancolía lo que se pierde es la propia imagen. En ambos casos se produce una actividad de la psiquis. Pero esta actividad es diferente en el caso del duelo normal, pues permite que desaparezca la pena moral experimentada, en el caso de la depresión, cuando esta desaparición está "bloqueada" por sentimientos negativos.

El trabajo que normalmente realiza el espíritu como consecuencia de un duelo o de un fracaso, se conoce como "trabajo de duelo": se trata de proceder de manera activa a fin de lograr el desprendimiento del objeto o del ser perdido. Se trata, pues, de un trabajo interior difícil que consiste en revivir, añorar y luego transformar todos los recuerdos asociados con la situación desaparecida (por ejemplo, la pérdida de un trabajo). Poco a poco el espíritu se desprende del objeto del duelo y, "matando a la muerte en él mismo o en ella misma", borra parcialmente el objeto o, sobre todo, se desprende afectivamente. Cuando el objeto de muerte se hace neutro, el trabajo de duelo está hecho y el equilibrio psíquico se recupera.

Pero en la depresión, el trabajo de duelo se realiza en forma imperfecta. Si bien hay, al comienzo, una pérdida del objeto amado, la persona en lugar de evocar el objeto, lo interioriza y se identifica con él (con hipertrofia del afecto por la persona, la situación o el objeto perdidos). Resulta entonces que el siquismo es víctima de esta identificación: al haber asumido el objeto que debería haber eliminado, este objeto es a un mismo tiempo amado y odiado. La conclusión es un desequilibrio psicológico que se denomina ambivalencia: dos sentimientos opuestos a un mismo tiempo. El resultado es una tendencia, característica de la depresión, hacia la autodestrucción (al menos de la parte odiada), y, como no es posible amarse y odiarse a un mismo tiempo, entonces es preciso destruirse.

Todo ser humano ha tenido que enfrentar esta situacion de duelo. Pero también ha tenido que conocer, cualquiera que sea su estructura psicológica, tres fases de depresión durante su infancia, fases que tiene que superar para convertirse en un verdadero adulto.

El primer periodo se sitúa en la época de la lactancia. La psicoanalista de niños, Melanie Klein, ha hecho notar que todo niño, en su primera infancia, conoce una fase depresiva cuya principal característica es la pérdida del amor de su madre, pérdida que experimenta cada vez que ésta se aleja.

En efecto, durante los primeros días de su vida, el bebé depende totalmente de su madre: comida, bebida, ternura, calor, todo proviene de ella y ella lo hace sentir a gusto. Pero pronto descubre que este placer puede ser temporal, puede ser interrumpido por las ausencias de su madre contra las cuales nada puede hacer. Al contrario, sus reacciones -lágrimas, rabietas, etc.- parecen provocar estas situaciones de carencia y de disgusto, asimiladas a una "destrucción" de la madre. Se siente, entonces, a un mismo tiempo frustrado y culpable, y, como carece de la noción del tiempo, se siente impotente, agresivo y culpable, que son los tres elementos de la depresión.

Volverá a experimentarlos más tarde, cuando tenga que renunciar a un objeto amado, pero únicamente porque vivió la depresión del lactante, la que M. Klein denomina "depresión primaria".

Algunos psicólogos o pediatras, como Brazelton, relacionan esta depresión primaria con la separación brutal que acontece en el momento del parto y frente a la cual todas las sensaciones agradables son simples sustitutos, "ersatz", de aquello que el feto experimentaba en el vientre materno.

El segundo periodo clásico de depresión se produce poco antes de cumplir un año. El niño descubre que tiene poder sobre los que lo rodean, pero que este poder no es absoluto, que contra su voluntad puede ser separado de la madre. Sin embargo, ha adquirido una cierta noción del tiempo y su reacción depresiva estará constituida principalmente de ansiedad, de miedo y algunas veces de pánico. Ello explica por qué todo nuevo personaje con el cual entra en contacto, provoca en el pequeño gritos y agitación, ya que lo asimila a una posible "desaparición" de su madre.

Esto es normal. Pero en algunos casos de niños hospitalizados, privados de contacto maternal, puede producirse una depresión grave: el niño se vuelve apático, pierde peso, resulta insensible al mundo exterior. Es lo que se conoce como hospitalismo. Entre los ocho y los catorce meses es, pues, una edad vital para el equilibrio psicológico de la futura "personita".

El tercer periodo depresivo normal en todo ser humano ocurre durante la adolescencia. A esta edad, cuando físicamente el cuerpo cambia y cuando psicológicamente los valores se modifican, se realiza un trabajo que consiste en intentar asumir al casi adulto que se es. El adolescente se siente sorprendido por su cuerpo, a veces desagradablemente (aunque no debería ser así), mientras que su narcisismo resulta exacerbado y puesto a prueba por los modelos que los medios de comunicación, sus amigos y familiares le ofrecen. Además, las pulsiones de su libido, frente a este narcisismo frecuentemente decepcionado, lo desestabilizan en el plano emocional y moral. El adolescente se siente triste y utiliza, contra sus pulsiones eróticas que ha descubierto, defensas más o menos adecuadas (el deporte, la religión, la política, el estudio).

El paso a la edad adulta está acompañado por la pérdida de las "protecciones infantiles" y la mutilación del amor materno, así como un aparente menosprecio del mismo. El adolescente debe, al mismo tiempo, crear su propia identidad moral, social y afectiva, con nuevos vínculos de intercambio y reciprocidad en el amor (en sentido amplio) que solamente podrá alcanzar cuando se haya "desembarazado" de su infancia. Esta tercera depresión es bien difícil de resolver pues da origen al ser humano plenamente adulto.

ALGUNOS TIPOS DE DEPRESION

La depresión provocada por los cambios de estación

La cronobiología, ciencia de los ritmos humanos biológicos en función del tiempo, ha señalado que existe una forma muy particular de depresión: la provocada por las estaciones. No se trata del simple recrudecimiento de las depresiones en primavera y otoño, sino de una verdadera enfermedad: la depresión del invierno, que comienza en el otoño, se va agravando durante los meses de invierno y poco a poco desaparece al llegar la primavera. Esta depresión trastorna profundamente a sus víctimas, tanto más cuanto que se sabe poco de ella. Podría tener una triple causa o, al menos, es posible identificar tres anomalías fundamentales en este tipo de deprimidos.

La primera es la disminución de la secreción de una hormona, la melatonina, que regula, por medio de la glándula pineal, todas las demás secreciones neurohormonales, particularmente la de las hormonas del estrés y defensa del organismo como el cortisol, cuya secreción se produce durante esta época sin interrupción y en exceso (cuando en el adulto normal solo se produce en la madrugada). Esto afecta los patrones de sueño, con un aumento del sueño paradoxal y pesadillas a partir de las tres o cuatro de la mañana.

Como consecuencia de estas tres anomalías, a partir del mes de noviembre[1], las víctimas se sienten cansadas, angustiadas, tienen lagunas de memoria, padecen insomnio y hambre excesiva.

El tratamiento para estas depresiones de invierno proviene de los Estados Unidos. Partiendo de la teoría de que éstas se debían a una intolerancia a la disminución en la duración del día, con la consiguiente disminución de luminosidad, se propone un tratamiento doble. Para comenzar, los pacientes son despertados durante la segunda mitad de la noche y, con ayuda de lámparas ultravioleta y halógenas que asemejan la luz del día, pueden organizar artificialmente su "jornada" según el horario que les convenga. Se busca, además, disminuir los ritmos hormonales desarreglados, para lo cual el remedio es el litio, administrado en comprimidos y controlado mediante pruebas sanguíneas.

La depresión de invierno, que no necesita los mismos tratamientos que las depresiones clásicas y muestra la sensibilidad del organismo al factor tiempo, constituye un buen ejemplo del carácter "natural" de ciertas depresiones.

> Desde hacía muchos años, Simone temía al otoño. Ese deslizarse de los días hacia el frío y la bruma se había convertido para ella en sinónimo de una gran tristeza que le invadía el corazón.
> Simone estaba cansada de la incomprensión y la impotencia de los médicos ante su sistemática melancolía invernal que le había hecho abandonar, a un mismo tiempo, el trabajo y al hombre que amaba para refugiarse cuatro meses al año en la soledad y el sueño. Durante este tiempo vivía a la espera de la primavera, de los días largos y llenos de luz que la hacían revivir.
> Simone había escuchado todo tipo de explicaciones para su problema, al principio con estupefacción, luego con cólera y finalmente con desengaño: que se trataba de una evasión psicológica del frío de la cual ella necesitaba "sacudirse"; o de una regresión infantil crónica bajo un pretexto irracional; o de una reacción primaria y fútil de rechazo al cambio de la hora de verano por la hora de invierno.
>
> Durante una de aquellas interminables veladas delante de la pantalla de televisión, de golpe le volvió la esperanza: ella no era la única, miles de personas padecían este tipo de depresión cuyo origen hormonal era conocido y para la cual existía tratamiento, al menos en los Estados Unidos. Se trataba de un tratamiento un tanto extraño, basado en "pantallas de luz", en correr los horarios de invierno y en una pequeña cantidad de medicamentos. Según el reportaje de televisión, este extraño tratamiento ofrecía buenos resultados.

1. Anotamos que en el hemisferio norte durante el mes de noviembre, se está en pleno otoño (N. del T.).

Invirtió todos sus ahorros en un viaje a Nueva York y el milagro se produjo también para ella. Desde hace tres años Simone vive normalmente, hace traducciones en su casa y el invierno dejó de ser una pesadilla.

¿Por qué las mujeres se deprimen más?

La depresión nerviosa afecta principalmente a las mujeres, al menos, estadísticamente. Según un estudio reciente, cerca de la tercera parte de las mujeres presentan signos depresivos (como tristeza, falta de apetito, trastornos de sueño) mientras que entre los hombres solo el 10% (aunque con la edad esta cifra aumenta hasta un 15%). Diversos factores de riesgo pueden desatar una depresión nerviosa: la juventud o la edad avanzada, un bajo nivel socioeconómico, un divorcio o una separación, así como otras circunstancias de estrés: un parto, un duelo o la menopausia.

En la mujer existen dos momentos de alto riesgo: el comprendido entre los 35 y los 45 años y los seis meses que siguen al parto, periodo conocido como el "postparto", durante los cuales la mujer se encuentra más vulnerable y más estresada. También la irritabilidad y tristeza que muchas mujeres experimentan antes de la regla y que se conocen como síndrome "premenstrual".

Si bien en estas circunstancias la causa es, sin duda, un factor hormonal o neurohormonal, la preponderancia de problemas depresivos en mujeres sigue siendo objeto de numerosas discusiones.

¿Está en juego algún factor genético? Quizás. Podría ser a causa de un condicionamiento de la infancia, a la discriminación social con que se educa a las niñas y que podría ser el aprendizaje de las expresiones depresivas: por ejemplo las lágrimas que se toleran en las niñas pero no en los niños.

Los "blues" [2] del postparto

La mitad de las madres conocen este fenómeno que se presenta en los centros de maternidad de todos los lugares del mundo: el "síndrome del tercer día" o los "blues del postparto". No se trata

2. Americanismo que corresponde a esplín, morriña, melancolía o "ideas negras" (N del T.).

de una depresión, sino de una crisis psicológica que experimenta la madre a causa de la fatiga, pero también debido a los trastornos biológicos y neurobiológicos producidos por el parto.

La madre experimenta una sensación de intensa fatiga, tanto física como psicológica, agotamiento afectivo, transitorio pero doloroso. Son frecuentes las lágrimas, las quejas respecto a los allegados, la irritabilidad ante las pequeñas incomodidades de la maternidad y el llanto del recién nacido, son frecuentes. La mujer experimenta la necesidad de estar sola, al mismo tiempo que quiere ser escuchada, consolada y que le cuiden su bebé pero sin alejárselo, todo lo cual resulta aparentemente contradictorio. Volverá a la normalidad en pocos días y tanto la mamá como el bebé recuperarán su sonrisa.

Pero existen casos en los que este problema psicológico puede persistir y poco a poco agravarse. Actualmente se han podido identificar las mujeres que podrían estar más expuestas y ser más fácilmente afectadas: mujeres jóvenes, de menos de veinte años, que tienen su primer hijo; las que tuvieron serias dificultades familiares durante su infancia; y las que han rechazado el embarazo o han presentado problemas psicológicos a causa de éste. Por otra parte, también entran en juego otros factores externos: las madres solteras jóvenes, las que viven en condiciones sociales o conyugales angustiosas, las que han tenido un traumatismo afectivo poco antes del parto (separación, divorcio, duelo), todas ellas están más expuestas que las otras.

¿Qué puede pasar? Al principio, una prolongación de los "blues del postparto", después crisis de llanto, fatiga e irritabilidad a partir del primero o segundo mes, que es la época en que el niño no duerme bien durante la noche. La madre tiene dificultad para dormir. Aparece, entonces, la ansiedad, frecuentemente mezclada con un sentimiento de incapacidad con relación al niño. Para luchar contra esta angustia, la joven madre, busca en los libros o en los consejos de los pediatras la "manera perfecta" de cambiar los pañales a su hijo, de darle de comer, de hacerlo dormir. Experimenta temores irracionales de hacerle daño, sobre todo con instrumentos cortantes, como las tijeras, la lima de las uñas, el cuchillo, y estos temores se convierten en obsesiones.

Lo anterior puede ser benigno pero supremamente doloroso para la madre. Además, afecta al niño, cuyo desarrollo psicológico puede verse perturbado. Un tratamiento rápido y adecuado permite la curación de esta depresión, ciertamente moderada, pero real.

El tratamiento consiste en pequeñas dosis de antidepresivos y tranquilizantes. Una psicoterapia ayuda a que la madre supere el complejo de culpa, dándole seguridad y quitando el dramatismo a las cosas.

Si los centros de maternidad fueran más humanos y menos técnicos, si ginecobstetras y comadronas pensaran menos en el acto médico y se acercaran un poco más a la ansiedad de las jóvenes madres que van a dar a luz, permitiéndoles hablar de sus inquietudes, de sus dificultades, de sus temores y de la forma como están viviendo su embarazo, se podrían evitar muchos problemas psicológicos del postparto y éste sería más agradable para muchas madres.

También hay que referirse a la verdadera depresión de la mujer embarazada, por fortuna mucho menos frecuente. Una depresión masiva puede presentarse desde el parto (precedida de una tristeza permanente durante el embarazo), con intenso dolor moral e ideas morbosas de culpabilidad respecto al recién nacido. Estas depresiones, que se presentan en personas que han recibido tratamiento psiquiátrico por neurosis o trastornos de personalidad, solo representan el 1% o 2% de las depresiones del postparto.

Las madres jóvenes pueden estar seguras de lo siguiente: la irrupción de un hijo en su vida es un trastorno, -¿quién podría negarlo?- pero las lágrimas que se derraman en esta ocasión tienen que ser lágrimas de alegría.

> La verdad es que el embarazo de Micaela no había sido afortunado. Abandonada por su marido, obligada a realizar un trabajo agotador en una fábrica, enredada en las formalidades administrativas de la seguridad social y de la prefectura para conseguir su permiso de trabajo como inmigrante italiana, casi olvidada de su familia... ¡Qué zozobra! Sin embargo la venida al mundo de Mario, su hijo, la había hecho olvidarse de todo. En su arrobamiento ella había encontrado la alegría de los primeros días de su amor.
>
> Todo habría sido perfecto si no hubiera tenido dificultad para dormir. Después de que le había costado trabajo quedarse dormida y sabiendo que tendría dificultad para conciliar nuevamente el sueño, tenía que levantarse dos veces durante la noche para amamantar a Mario. La luz del sol la encontraba, muchas veces, medio recostada en una silla al lado de la cuna. El médico le había formulado una droga para dormir, pero parecía que no le hacía efecto. "No aumente la dosis porque podría pasar a la leche", le había dicho amablemente. ¡Pero si el médico supiera el cansancio que ella tenía! Tan cansada estaba que no podía atender bien a Mario, cambiar sus pañales, bañarlo, alimentarlo. Y Mario se estaba poniendo

gruñón, malhumorado, lloricón. Estaba enflaqueciendo tanto como ella misma. Adoraba a su hijo, pero sus nervios se estaban afectando y se sentía impotente, abandonada.
Micaela estalló una noche. Después de haberle pedido a la vecina que cuidara a su hijo durante una hora, ingirió el frasco de somníferos. Por fin podría dormir sin el temor de hacerle daño a Mario. Dormir toda la vida, ojalá. Dormir...
El médico que, llamado por la vecina, vino a atender la emergencia, no lo dudó: la depresión de Micaela era grave y, por ello, ordenó una semana de guardería para Mario y una de hospitalización para su mamá con un buen tratamiento antidepresivo. Tres meses después, Micaela volvió a ser feliz. Mario también. Pero la situación fue crítica.

La depresión del adolescente

¿Por qué hace falta distinguir la depresión del adolescente de la del adulto o la del niño? Por tres razones: la primera, que el adolescente se deprime de una manera muy particular; la segunda es que muchas veces se habla de "crisis de la adolescencia" cuando lo que se presenta son signos de depresión; la tercera es que, después de los accidentes, el suicidio es la segunda causa de mortalidad de adolescentes.

Esta tercera razón justificaría por sí sola los trabajos y esfuerzos realizados en este campo desde hace algunos años.

A Ghislaine no le gusta la manera como los chicos la miran caminar cuando sale del liceo. Tampoco le gusta mirarse en un espejo o al pasar delante de la vitrina de un almacén.
Desde que cumplió quince años, hace ocho meses, realmente no le gusta nada de ella. ¿Cómo puede gustarle esa absurda nariz, como el pico de un pájaro, que le dio su padre o esos ojos oscuros como su piel que vienen de su madre? ¿Y ese cuerpo canijo, torpe, que no puede manejar? ¿Y esos granos, sobre todo el que siempre le sale en la barbilla? De nada le sirvió la crema que le dio el médico, quien además le dijo, encima de todo delante de su madre, que no había que inquietarse, que era por el crecimiento y que todo se arreglaría al envejecer; sólo porque habló de sus pesadillas.
¡Qué horror envejecer! No es que ser joven sea más agradable. Entre lo que te dicen y lo que no quieren decirte... Como si fueras idiota. Por fortuna las cosas han mejorado desde que Hervé le hizo descubrir la hierba, el ligue, el kif, todas esas palabras que asustan a sus padres cuando las mencionan en televisión. ¡Si ellos supieran! Si supieran que esos temores pertenecen al pasado y que no hay nada como la felicidad que produce el

"polvo", esa felicidad que Hervé le ha hecho descubrir, la felicidad que siente unos minutos después de inyectarse... Esa felicidad que le hace olvidar lo desgraciada que es, lo triste y sola que se siente, lo fea que es a pesar de lo que le dicen los chicos. Pero es que ellos solo piensan en una cosa... Se siente tan desgraciada desde hace algún tiempo...

Ghislaine desapareció una noche. Nadie la ha vuelto a ver. Ni Hervé, que la esperaba. Ni el marinero que la vio recostada en el puente sobre el canal. Ni sus padres que no entienden lo que pasó y que, desde entonces, toman tranquilizantes... los mismos que ella pidió en vano a los médicos, "para dormir".

Es preciso reconocer, lo mismo que en el adulto, la realidad de la depresión del adolescente, con un fondo de tristeza y pérdida del placer.

Pero la alarma la dan cuatro tipos de comportamiento en el adolescente:

Los problemas de comportamiento, en primer lugar, con evasiones sin explicación, vandalismo y conductas agresivas, sexualidad perturbada o disminuida. Sobre todo, la evasión de la droga, ya sea hacia la toxicomanía "suave" o "dura" (las chicas pasan a las drogas fuertes más rápido que los muchachos).

Dificultades de relación con los otros: las relaciones con la familia y con los compañeros se deterioran. El adolescente se repliega sobre sí mismo, se refugia en la música que escucha a solas en su habitación, huye de cualquier encuentro o actividad de grupo.

Problemas de alimentación que inquietan a los padres: bulimia, especialmente de cosas dulces, o, más frecuentemente, falta de apetito con manifestaciones de tristeza al sentarse a la mesa y enflaquecimiento; el alcoholismo, que hay que destacar, porque el adolescente puede considerarlo como "un medicamento antidepresivo" por cuanto reduce la angustia y produce euforia.

Problemas físicos, tanto más notorios, cuanto que el adolescente está creciendo: vértigos, dolores, fatiga. Estos problemas pueden engañar y retardar el diagnóstico de una depresión nerviosa en el adolescente.

Todo esto no es nada fácil y se traduce en el adolescente en pequeñas depresiones: la crisis de la adolescencia.

¿Por qué la adolescencia representa una etapa de riesgo en cuanto a la depresión? Porque el adolescente revive, durante esta fase de descubrimiento de la libido y de trastornos corporales, el conflicto edípico de su infancia, que lo lleva a preguntarse por su propia identidad, moral, social, sexual o corporal. Siente que se está convirtiendo en adulto y que pierde el bienestar que le ofrece la protección de su madre. Como reacción, pone a funcionar los procesos psicológicos de defensa que más tarde serán los suyos, procesos difíciles de crear y de adaptar a una realidad siempre cambiante.

Pero puede también ocurrir que un estrés psicológico o afectivo, de origen interno o externo, agrave las cosas. Se produce entonces una reacción depresiva que detiene el desarrollo psicológico y pone al adolescente en situación de aflicción moral. La frecuencia de los momentos difíciles durante la pubertad hace que un adolescente pueda experimentar cuatro o cinco "reacciones depresivas" normales en su caminar hacia la edad adulta.

¿Cómo hacer para no confundir una de estas "crisis de adolescencia" con una verdadera depresión? Todo depende de la atención que se preste a los signos anteriormente descritos, así como a la identificación de la tristeza moral subyacente.

No olvidemos las estadísticas recientes que muestran un fenómeno inquietante: además del aumento de la toxicomanía está el aumento en el número de intentos de suicidio. En Francia, cinco adolescentes de cada mil, principalmente mujeres, intentan suicidarse entre los quince y los diecinueve años.

Recordemos que la segunda causa de mortalidad, antes de los veinte años, sigue siendo el suicidio. De ahí la urgencia que padres, médicos y educadores estén atentos a las "crisis de la adolescencia" y sepan escuchar a los adolescentes.

El tratamiento para la depresión del adolescente se basa en tres elementos:

El tratamiento con antidepresivos es eficaz y ha tomado mucha importancia. Como tranquilizantes se utiliza, principalmente, la amitriptilina, la clorimipramina y la imipramina. También pueden ser empleados nuevos medicamentos, como la mianserina y la indalpina. Este tratamiento antidepresivo puede ser ambulatorio. Pero algunas veces puede ser conveniente una breve hospitalización que permita al adolescente encontrarse consigo mismo, dejarse consentir. En general, el tratamiento dura cuatro o cinco meses.

El litio, regulador del humor, puede ser aconsejable en las depresiones de adolescentes por dos razones: previene las eventuales recaídas y protege, así, la futura escolaridad y la decisión profesional.

La psicoterapia es la última pata del trípode terapéutico. Suele ser mal aceptada, pero es esencial. Al médico le corresponde mostrarle al adolescente el valor de este tratamiento y la posibilidad de utilizarlo en forma más activa y creativa, por ejemplo, mediante psicodramas, juego de roles, etc.

Es el precio que hay que pagar para recuperar la alegría de vivir y poder, por fin, decir: "Tengo quince años y no quiero morir".

La depresión del niño

Deberíamos enseñar a los niños el arte de ser felices.
Alain, *Propos sur le bonheur*

¿Cómo imaginar la revolución que produjo en el mundo de la psiquiatría anterior a la segunda guerra mundial, la noción de depresión del niño?

Era reconocer una individualidad psicológica propia del niño, es decir, una personalidad en cada niño —cosa normalmente admitida hoy— y aceptar que un niño que no hubiera llegado a la pubertad podía presentar la misma enfermedad que un adulto que hubiera atravesado, con más o menos éxito, todo tipo de problemas.

Se calcula actualmente en un 2.5% el número de niños que presentan estados depresivos. La depresión infantil no se puede, pues, desconocer, tanto más cuanto que, si se ignora o no es bien tratada, deja secuelas psicológicas perjudiciales para el futuro. Ahora bien, tanto los padres como los médicos tienen que estar convencidos de tres hechos en relación con la depresión infantil: es real; puede ser grave; es perfectamente tratable.

Cuando el pequeño Emmanuel llegó con su mamá al consultorio del médico, no dijo una palabra, no se movió. A los siete años los niños se mueven, especialmente cuando van al médico. Emmanuel no tiene ganas de moverse, ni de jugar, ni de hablar. Eso es lo que la mamá le dice al doctor. La maestra se lo hizo notar, preocupada por los malos resultados escolares de Emmanuel y por su distracción inhabitual. "Algo debe estarle pasando, quizás sea conveniente hacerle algunos análisis", dice su mamá. El doctor refunfuña. Siempre refunfuña, piensa Emmanuel, a quien le gusta la palabra "refunfuñar" desde que su maestra le explicó el significado. Aunque la palabra tiene un lado triste, como un caramelo muy grande que se bota al suelo... Como un juguete roto o como cuando papá y mamá discuten. Esto es justamente lo que el doctor le dice a mamá. Pero mamá responde, con su voz de cólera cuando trata de no llorar: "No es el trabajo de mi marido lo que enferma a mi hijo. ¡Le digo que hay que hacerle análisis! Cuando mi hermana lo hizo, se descubrió que su hija tenía diabetes. ¿Por qué usted no quiere hacerle análisis?"

Mamá no salió contenta del consultorio. A Emmanuel no le gusta que su mamá se ponga así. En realidad, muy pocas cosas le gustan... Es lo que dijo el otro médico que consultaron. Mamá está cada vez menos contenta. Pero es el doctor el que se disgusta y el que riñe a mamá. Ella no dice nada. Hay lágrimas en su rostro. El médico le habla a Emmanuel y le hace algunas preguntas acerca de papá y mamá, acerca de sus sueños, acerca de la escuela. Y Emmanuel llora también, y se echa en los brazos de su madre que lo abraza muy fuerte, muy fuerte.

Emmanuel volvió nuevamente a visitar a este médico, que le dio medicinas, que lo puso a hacer dibujos, que habló de nuevo con papá y mamá. Que, incluso, jugó a las escondidas con él, como un amigo, un día antes de decirle: "¡Adiós, Emmanuel, sé un buen chico!". Emmanuel no lo volvió a ver, pero ahora tiene sueños hermosos.

La depresión puede afectar al niño a partir de los tres años, pero es más frecuente entre los diez y los doce. Lo que llama la atención es que, cualquiera que sea su origen, se produce una clara ruptura en la vida o en el comportamiento habitual del enfermito.

La tristeza es el signo más frecuente: de pronto se traduce en lágrimas, por razones casi insignificantes; en incapacidad para sentir alegría o placer, lo que da al niño un aspecto inexpresivo. Esta tristeza está acompañada de tres signos:

— Miedo irracional o fobia al negro, a la calle, a la escuela, con ansiedad permanente.

— Empobrecimiento general de todas las actividades y de todas las relaciones: el niño se aisla, no juega, se queda en un rincón; se ve fatigado desde temprano, apático, inerte; busca estar solo.

— Disminución rápida y creciente del rendimiento escolar, con problemas de memoria, desinterés por la escuela, dificultad para concentrarse, signos, todos, que manifiestan la inhibición psicointelectual característica de la depresión nerviosa.

A lo anterior hay que agregar otros dos hechos: por una parte, el comportamiento del niño cambia y se vuelve imprevisible, inestable, tiene rabietas, se muestra eufórico y a los pocos minutos se ve abatido, se queja de problemas físicos, sobre todo, de dolor de estómago y de cabeza, dificultad para dormir, falta de apetito. Además, vuelve a "hacer pipí en la cama".

De hecho, todos estos problemas varían según la edad del niño: los problemas físicos predominan hasta los seis años, luego aparecen las dificultades escolares y de comportamiento, hasta los diez años, cuando el niño puede verbalizar mejor su tristeza.

Pero no se crea que, a diferencia del adolescente, el niño deprimido no puede hablar de su sufrimiento o que no lo haga espontáneamente. Solo hace falta estar más atentos que en el caso de los adultos para descubrir y "escuchar" el lenguaje no verbal: comportamiento, actitudes, expresiones, dibujos, pinturas. El papel de los maestros y de los padres es, en este campo, tan importante como el del médico.

Una pregunta queda abierta: ¿hay riesgo de suicidio en el niño depresivo? Si bien esta tendencia no se manifiesta antes de los diez años, el riesgo existe, y los intentos de suicidio en el niño deprimido no son excepcionales, generalmente como reacción a un motivo aparentemente trivial, como un castigo o un regaño.

Una razón más para reconocer la depresión del niño como una verdadera enfermedad.

Cada niño manifiesta esta posibilidad de manera diferente según la edad: en la primera infancia, por medio de dibujos, del relato de sus sueños, de juegos de muerte; en la segunda infancia, lo hara más fácilmente con palabras, pero principalmente por medio de la tristeza, ya que los mecanismos de defensa psicológicos que el niño ha adquirido y el enriquecimiento de sus imágenes le permiten guardar sus ideas mórbidas en el nivel de los fantasmas. Antes de la adolescencia, el comportamiento del niño cambia y el intento de suicidio puede presentarse, principalmente debido a la exageración de los sentimientos de culpa y de desprecio por sí mismo que se experimentan en esta edad.

No parece haber relación entre una determinada personalidad y la tendencia a la depresión. Un niño puede haber sido muy alborotado, otro puede haber presentado problemas psicológicos, como una fobia permanente, otro no manifiesta nada en particular. En cambio, hay que admitir la hipótesis de que un hijo de padres depresivos, sobre todo si se trata de la depresión conocida como psicosis maníaco-depresiva, tendrá tendencia a los estados depresivos. Entre las otras causas, se cuentan factores externos indiscutibles que pueden desatar una depresión en el niño. Por ejemplo, casi la mitad de los niños deprimidos ha vivido la separación de sus padres, separaciones precoces o prolongadas (internados o campos de vacaciones). Pero también los desacuerdos entre los padres y los dramas familiares (suicidio, duelo, enfermedad grave) pueden ser factores importantes en el origen de la depresión.

¿Habrá que ser pesimista frente a las depresiones infantiles? No. Por dos razones: la depresión infantil suele ser un episodio breve, que no se repite. El niño recupera el sueño y vuelve a jugar, pero el más significativo signo de recuperación es su regreso normal a la vida escolar. En segundo lugar, un mejor conocimiento de la enfermedad depresiva en el niño ha permitido diseñar un tratamiento eficaz. Los antidepresivos utilizados suelen ser los mismos del adulto pero en dosis menores: imipramina, clorimipramina, amitriptilina. El tratamiento se interrumpe generalmente durante las vacaciones escolares y la hospitalización rara vez es necesaria. No obstante, exige una condición indispensable: la cooperación de los padres, quienes tienen que comprender la necesidad del tratamiento, aceptar que su hijo tiene una enfermedad real sin sentirse, ellos, culpables o avergonzados, y participar en la psicoterapia de apoyo que necesita todo niño deprimido. Parte de esta psicoterapia es la satisfacción de las necesidades afectivas del niño que, además, teme ser rechazado por su enfermedad. ¿Y qué puede haber más eficaz para responder a esta demanda de afecto que el "amor de una madre", hábilmente guiado por el psicoterapeuta?

El agotamiento profesional

> La impaciencia de un hombre y su humor provienen del hecho
> de haber permanecido mucho tiempo de pie;
> no intente razonar contra un humor:
> ofrézcale una silla.
>
> **Alain, *Propos sur le bonheur***

Nuestra sociedad industrial cumplió hace ya tiempo medio siglo de existencia y, sin embargo, hace apenas diez años que se ha puesto en evidencia uno de los principales problemas que provoca: el síndrome de "agotamiento profesional". Esta particular forma de depresión se conoce en América, donde ha sido más conocida que en los países europeos, como "burn out". Afecta a cualquier tipo de trabajadores, si bien algunos están más expuestos: ejecutivos, docentes, y los operarios de las fábricas. Es preciso anotar, por otra parte, que las mujeres resultan más afectadas que los hombres debido a los múltiples roles que deben asumir cuando tienen un empleo: trabajadora, esposa y madre de familia.

El agotamiento profesional se caracteriza por un estado general de fatiga que afecta a un mismo tiempo los planos físico, moral e intelectual, en perjuicio del rendimiento laboral, que se derrumba, al mismo tiempo que el individuo se siente desvalorizado en su competencia. Lo anterior se desarrolla, generalmente, durante varios meses. El trabajo se hace cada vez más difícil, mucho más de lo que parecía al principio (por ejemplo después de un ascenso) cuando resultaba dinámico, enriquecedor, promisorio. Al exigirse una mayor consagración, mientras los resultados son cada vez menos buenos, la vida personal y familiar de las víctimas del "burn out" resulta afectada: duerme mal, entra en conflicto con el cónyuge y los hijos, la mayor dedicación al trabajo implica ausencia del hogar. Entonces se produce el periodo de desilusión. El sujeto comienza a dudar de sí mismo, tiene dificultad para tolerar a sus colaboradores y allegados. Poco a poco van apareciendo trastornos físicos, como insomnio y dolores diversos que llevan a buscar medicamentos que ayuden a "aguantar". La automedicación sin control médico de "reanimadores" más o menos anodinos es, entonces, frecuente. Lo mismo que el consumo de alcohol y de drogas suaves. También hay una búsqueda de consuelo afectivo en conquistas fáciles, múltiples y poco durables.

Enseguida viene una fase de desmoralización y de completa fatiga, negligencia respecto al trabajo y a la vida privada, ya que al sujeto nada le interesa. Entonces pueden presentarse ideas de suicidio, lo mismo que en cualquier estado depresivo significativo.

¿Qué predispone al síndrome de agotamiento profesional? Dos tipos de factores: los primeros están asociados con el trabajo; los segundos con la vida personal del sujeto.

Un trabajo realizado en un ambiente desagradable, con conflictos frecuentes con los superiores y los subordinados, celos entre colegas, falta de reconocimiento de estatus social o falta de apoyo de la administración, favorecen sin duda alguna el síndrome de agotamiento profesional.

Ahora bien, la víctima es, a un mismo tiempo, responsable: no ha tenido tiempo para sí mismo, para descansar y divertirse, no ha tomado los fines de semana ni sus vacaciones, ha descuidado las relaciones con los amigos y la familia, todo... para trabajar más. ¡Al menos es lo que ha creído!

Resulta evidente que el síndrome de agotamiento profesional es producido por este círculo vicioso que es preciso romper, para permitir al sujeto tomar conciencia de lo que le está pasando y tratar su depresión en la forma adecuada.

> Martín es abogado.
>
> Un buen abogado, piensa, mientras se afeita. Un excelente abogado, dicen algunos de sus clientes. Un abogado temible, piensan sus colegas.
>
> Y un abogado bueno, excelente, temible, es un hombre que trabaja. Que trabaja intensamente, porque nada se logra sin esfuerzo. "El mundo pertenece a los que madrugan", dice. Por eso el mundo le pertenece a Martín. Es lo que siente cuando madruga a las cinco de la mañana para ir a su oficina a preparar un expediente o un alegato. En el palacio de justicia conocen la tenacidad de Martín y muchos lo consideran un futuro magistrado.

Todo estalló en un expediente fácil. Martín había trabajado mucho en él, se sentía satisfecho de lo que había hecho y escrito.

La fatiga se produjo insidiosamente. Y si al principio, uno o dos wiskis la hacían desaparecer, fue necesario aumentar la dosis. Bueno, solo sería por poco tiempo. Pero más molesto era el problema de los somníferos que necesitaba para dormir y lo hacían sentir mal en la mañana. Su esposa no paraba de criticarlo. Es verdad que se había vuelto irritable, pero ella debería comprenderlo. Por lo menos esperar las vacaciones.

Durante las vacaciones, la esposa de Martín se marchó y Martín se desmoronó. Rompió a llorar delante de un médico amigo, sin entender lo que le estaba pasando. Y solo lo entendió después de dos meses de hospitalización, en una casa de reposo, con la ayuda de medicamentos y de numerosas entrevistas, no siempre fáciles, incluso para él que era una hombre locuaz, un "charlatán" como todos los de su profesión. Martín volvió a su trabajo, con más calma. La vida le cambió y, lo importante, lo verdaderamente importante, es que su esposa regresó. También esto es curación.

Las causas físicas de la depresión nerviosa

> La tristeza profunda es siempre resultado de un estado
> enfermizo del cuerpo (...)
> La mayor parte de las personas
> lo niegan y sostienen que lo que
> hace sufrir en la desgracia,
> es pensar en la propia desgracia.
>
> **Alain, *Propos sur le bonheur***

Algunas veces la depresión nerviosa no proviene de una predisposición hereditaria o un choque afectivo. Puede tener una causa exclusivamente física. Por ello es importante consultar un médico apenas se declara. El tratamiento, entonces, no se reduce a antidepresivos sino que es preciso actuar sobre la causa física de la depresión. Puede tratarse, desgraciadamente, de una manifestación de otra afección mental mucho más severa: la esquizofrenia. Pero también puede ser consecuencia de un traumatismo craneano o de un tumor cerebral.

También el Parkinson o algunas afecciones de la glándula tiroides, pueden provocar depresiones, así como, algunos medicamentos, principalmente la píldora anticonceptiva y drogas hipotensoras, como los beta-bloqueadores. Lo mismo puede decirse de ciertas toxicomanías y del alcoholismo.

Antes de declararse deprimido sin una causa es, pues, aconsejable consultar la opinión del médico.

La "verdadera" depresión: la psicosis maníaco-depresiva

> Es evidente que rumiando los juicios severos,
> las predicciones siniestras, los recuerdos negros,
> se está frente a la propia tristeza
> y de alguna manera se la saborea.
>
> **Alain, *Propos sur le bonheur***

La depresión nerviosa asusta porque se la confunde muchas veces con una forma severa de enfermedad: la psicosis maníaco-depresiva. Descubierta a comienzos de siglo por un psiquiatra alemán, Emile Kraepelin, la psicosis maníaco-depresiva o SMD resulta temible por dos razones: tiene, al menos en parte, origen hereditario de naturaleza genética y puede afectar a un indiviuo durante toda su vida.

Dos hechos pueden contrarrestar el pesimismo que podría producir el diagnóstico de una SMD en una persona:

la SMD solo afecta a un porcentaje mínimo de la población: entre el 1 y el 1.5%;

a partir de los años sesenta, el descubrimiento de nuevos antidepresivos eficaces y, sobre todo, de un regulador del humor, el litio, ha modificado los pronósticos de la SMD haciéndolos mucho más favorables.

Lo que caracteriza a la SMD es la aparición periódica, sin factores generadores externos, de episodios depresivos. Algunas veces se producen episodios de hiper-excitación, llamados fases de manía, que alternan con los periodos depresivos. Por eso, esta forma de enfermedad depresiva lleva el nombre de maníaco-depresiva. Pero en todos los casos, los momentos depresivos son más frecuentes que los episodios maníacos.

Gracias a los numerosos trabajos adelantados, se ha podido llegar a dos conclusiones:

la SMD tiene origen hereditario, biológico y endógeno, es decir, innato.

Puede presentarse en dos formas:

* la forma llamada unipolar, en la que no existen sino episodios depresivos;

* la forma llamada bipolar, en la que alternan fases maníacas y momentos depresivos.

> Patrick se siente feliz. Enloquecido de felicidad. Está montado en el automóvil de sus sueños, un sensacional Porsche blanco que acaba de comprar. El crédito fue fácil, pagadero a tres años y sin cuota inicial. Tan fácil como el que consiguió para el collar de diamantes que le va a regalar a su esposa en su aniversario. O casi tan fácil, porque tuvo que convencer al joyero de su seriedad como funcionario de un banco. Pero una vez convencido, gracias a su humor y a su palabrería, el joyero resultó además un consejero y un amigo con quien resultó agradable tomar una copa.
>
> Patrick llega a su casa cantando. Se siente lleno de energía, lleno de ideas para el futuro. Saluda a los vecinos que lo miran guardar su nuevo carro con un estruendoso "¡Hola, muchachos!".
>
> Al entrar, encuentra a su esposa tan hermosa que no puede evitar entregarle inmediatamente el collar. Ella no sabe qué hacer y le dice: "Patrick, el doctor ha venido a visitarte". Una visita, ¡qué buena idea! El doctor, ¡por qué no, cuando se está sano! El doctor...
>
> El médico escuchó durante un largo rato a Patrick, rió con sus chistes, le preguntó acerca de su trabajo, del sueño, de los anteriores episodios de tristeza, de los medicamentos que dejó de tomar hace algunos meses. "¿Para qué tomarlos, si estoy bien?". Luego se marchó, diciendo que volvería. Y volvió, pero con dos enfermeros que lo ayudaron a meter a Patrick en la ambulancia del hospital, la misma que lo había llevado dos años antes, cuando quería suicidarse como su madre, que sufría una psicosis maníaco-depresiva cuando todavía no existía el litio. Este litio que salvará a Patrick... si se lo toma. Ese es el único problema.

Los síntomas de la SMD se parecen, aunque más acentuados, a los que presentan las depresiones benignas. Aquí puede hablarse de melancolía real y grave. El sentimiento de tristeza consiste en un dolor moral espantoso, en un vacío absoluto, en una vivencia dolorosa de todo lo que pasa, en un tedio de vivir. Ningún sentimiento puede tocar al deprimido, a quien nada le interesa, no mira hacia el futuro ni hacia el presente, encerrado en el recuerdo de los momentos tristes o dolorosos del pasado. La muerte y el suicidio lo obsesionan y las ideas de culpa y de falta favorecen esta obsesión, pues piensa que merece un castigo. Sintiéndose culpable de su situación, indigno de vivir, desvalorizado en todos los aspectos, su enfermedad le parece incurable, insoportable tanto para él como para sus allegados.

Todos estos sentimientos, falseados por la enfermedad, tienen como consecuencia que la persona no sienta ganas de hacer nada (¡puesto que se siente incapaz!). Se observa, entonces, lo que se conoce como retardación motríz o física, visible en los gestos, que son escasos, el caminar lento, la falta de expresión. A este bloqueo físico se asocia la retardación psicológica: las ideas son escasas y generalmente obsesivas sobre un tema siniestro (ruina, decadencia, etc.). Es difícil mantener la atención y hay pérdida de memoria, especialmente en lo relativo a hechos recientes.

El que sufre una depresión con las características de una SMD está mucho más expuesto al suicidio que los demás depresivos. Y, desgraciadamente, logra su cometido, ya que el sujeto recurre a métodos "radicales", como ahorcarse, lanzarse por la ventana o ahogarse. Estos métodos son muy diferentes de los intentos de suicidio para "pedir ayuda" que pueden ocurrir en otras depresiones. Estos suicidios tienen éxito, además, por cuanto se producen "sin previo aviso", por ejemplo en el curso de una fase de ansiedad brutal.

A los elementos claves que son la tristeza melancólica, la retardación motriz y psicológica, se agrega un cuarto elemento: los trastornos del sueño. El melancólico logra quedarse dormido muy temprano, sintiéndose agotado, pero se despierta a media noche y no puede volver a dormir, atormentado por pensamientos mórbidos y con el corazón oprimido por la angustia.

Estos elementos permiten diagnosticar una depresión de tipo SMD, sobre todo si se encuentran antecedentes familiares idénticos. Muchos de estos enfermos tienen una personalidad emotiva, sensible y vulnerable, pero se trata de un factor menos importante. Por el contrario, una vez hecho el diagnóstico, es preciso actuar en forma inmediata y ayudar también al paciente con los problemas adicionales: signos de espasmofilia, hormigueo en las manos y los labios; bajas de tensión arterial y vértigo; problemas digestivos con náuseas, estreñimiento, falta de apetito, enflaquecimiento;

dolores diversos, particularmente de piernas, de espalda o de cabeza.

Una enfermedad que cambia con la época

El curso de la vida tiene gran importancia en el cuadro de la SMD. En líneas generales, cuando se trata de la forma bipolar, los primeros signos aparecen entre los veinte y los treinta años, con problemas de sueño y retardación significativa. Por otra parte, es posible identificar un factor generador de la crisis. Cuando se trata de la forma unipolar, de tipo exclusivamente depresivo, los primeros episodios aparecen a los treinta años o mucho después. La retardación no es el elemento predominante, sino la ansiedad (que puede inclusive enmascarar la tristeza) con agitación y trastornos físicos frecuentes.

Bien sea unipolar o bipolar, la depresión de la SMD muestra una clara tendencia a presentarse al comienzo de la primavera o del otoño. También, durante estas "estaciones de riesgo", pueden presentarse las recaídas.

¿Cuánto dura una depresión de tipo endógeno? Sin tratamiento, alrededor de seis meses. Afortunadamente, un tratamiento adecuado reduce este tiempo a unas cuantas semanas con convalecencia de uno o dos meses. La observación, sin embargo, deberá prolongarse durante uno o dos años para descubrir los primeros signos de una posible recaída. La SMD, no hay que olvidarlo, es una enfermedad que presenta recaídas. Pero si éstas son diagnosticadas y tratadas a tiempo, pueden ser breves y poco importantes. En cambio, cuando su tratamiento se retarda, muestran tendencia a repetirse e incluso a volverse permanentes, lo cual obliga a un tratamiento igualmente permanente. Por este motivo los nuevos antidepresivos, especialmente eficaces en la forma unipolar, y las sales de litio que son a un mismo tiempo curativas y preventivas, sobre todo para la forma bipolar, son muy importantes para devolver la plena normalidad a quienes sufren una SMD.

LA DEPRESION

De la tristeza a la depresión: aburrimiento y nostalgia

Conviene estar alerta: "No es un milagro que yo esté triste después de esta decepción; es natural como la lluvia y el viento...". Uno de los secretos de la felicidad es permanecer indiferente al propio humor.

Alain, *Propos sur le bonheur*

¿De dónde viene la palabra depresión? Del latín *depressio*, que quiere decir hundimiento, abatimiento. Ahora bien, lo que se encuentra abatido en el deprimido es el humor. Este es un término heredado de la tradición médica de Hipócrates y reservado exclusivamente al campo de la psicología. Según el psiquiatra Jean Delay, el humor "da a cada uno de nuestros estados del alma una tonalidad agradable o desagradable, oscilando entre los polos extremos del placer y el dolor". El dolor moral, en la depresión, es el polo extremo del humor, que se hace negro, pesimista, ahogando todo en la pesadumbre.

La depresión es, fundamentalmente, una enfermedad del humor, por lo que éste es el primer elemento de diagnóstico. Todo, las ideas, los pensamientos, los sentimientos, las percepciones, está bañado en este dolor permanente del alma. La postración del melancólico es el mejor ejemplo, con sus remordimientos, sus reproches, su derrotismo, sus autoacusaciones y, sobre todo, su deseo de morir, ya que considera la muerte como la única salida posible a esta tristeza insoportable.

Pero existen otras formas de tristeza que también revelan el dolor moral: el aburrimiento y la nostalgia.

El aburrimiento, muy bien definido por Alberto Moravia en su libro que lleva este título, puede ser una expresión de la depresión. Representa un progresivo repliegue del ser humano sobre sí mismo, con el abandono simultáneo de las actividades e intereses habituales. El tiempo se hace inmóvil, la vida se reduce a un vacío interior y a un silencio mortal. Ya no hay deseos, ni necesidades, ni carencias: el universo individual se reduce cada vez más, resignándose progresivamente a la propia muerte.

¿Aburrimiento o depresión? ¿Normal o anormal? Lo que hay que distinguir es el momento en que el ser humano sufre moralmente, aún cuando él mismo no sea consciente, como ocurre con las personas de edad.

La nostalgia también puede ser una forma de expresión de la tristeza y además de la depresión. La nostalgia, en cuanto añoranza de las raíces geográficas, familiares, morales y religiosas, así como de las costumbres del lugar de origen, golpea en nuestros días a muchos inmigrantes o expatriados. Porque la nostalgia se debe al alejamiento, y quien la sufre, busca, desesperadamente sus raíces para conservar su identidad. Ahora bien, esto resulta mucho más difícil en un mundo deshumanizado, cosmopolita, inconmensurable. Sin embargo, la nostalgia no es patológica en su origen: es un medio de defensa, de afirmación de sí mismo y de las propias raíces en medio de un mundo hostil. Si esta nostalgia no puede expresarse por medio del grupo, de la música, de la literatura, del reconocimiento de las diferencias por parte de los otros, entonces se presentan los signos depresivos: molestias físicas, sentimientos de persecución, y sobre todo, tristeza. "La nostalgia ya no es lo que era", escribió Simone Signoret. Ha cambiado, es verdad, pero nada ha cambiado el corazón del hombre que, para vivir, necesita creer en sí mismo y en los demás.

La tristeza

La tristeza nunca podrá ser noble, ni bella, ni útil.

Alain, *Propos sur le bonheur*

La tristeza es uno de los signos de la depresión. Pero también es un sentimiento normal, común y corriente en el ser humano. Para que la tristeza "normal" se transforme en "tristeza enfermiza", en depresión, tiene que ocurrir una triple modificación de aquélla. Hace falta que la tristeza sea más fuerte de lo habitual, que dure más tiempo que de costumbre y que se produzca en determinadas circunstancias.

La tristeza del deprimido es un verdadero dolor. Es un sufrimiento moral que lo tortura sin cesar, dando a cada momento y a cada acción un color sombrío y pesimista. De esta vivencia afectiva dolorosa se desprenden sentimientos negativos acerca de lo que uno es y de lo que ha hecho, como impresiones de indignidad y de culpabilidad que pueden llegar a ser torturantes, desvalorización de sí mismo y autodesprecio. En consecuencia, esto es lo que piensa el deprimido habitualmente: "Ya nada valgo, nunca he servido para nada; si hubiera actuado de otra manera, no sería así; ni siquiera soy capaz de salir de esta situación".

Este "humor depresivo", bien diferente de la tristeza normal, altera el conjunto de la afectividad de la persona deprimida. Todo le parece triste, todo la hace sentir desgraciada. La vida se hace insoportable. Lo que antes se le hacía agradable o placentero ahora le resulta aburrido. Nada despierta su interés. El deprimido es consciente de esto y se siente culpable. Está en un círculo vicioso que aumenta su tristeza. Tres sentimientos se encuentran asociados a este dolor moral, si bien se presentan en diversos grados según cada individuo: la desesperanza, la falta de interés y la propia desvalorización. La desesperanza es la pérdida simulténea de la fe en sí mismo y en la situación que está viviendo: el deprimido es pesimista. Como no ve una salida, se siente insatisfecho de sí mismo y de su vida, no mira hacia el porvenir sino únicamente hacia el pasado, fuente de arrepentimiento, y al presente, reflejo de su fracaso. Con esta pérdida de la esperanza, también desaparece la posibilidad de curación y el deprimido se considera incurable, "desesperadamente triste para siempre".

¿Para qué interesarse en el diario vivir y en los demás? Las relaciones sociales son poco frecuentes, las diversiones disminuyen y luego desaparecen, las tareas cotidianas dejan de hacerse. Este desinterés que convierte al deprimido en un ser encerrado en sí mismo y en su propia tristeza es progresivo. Y por lo general ya nada le interesa ni vale la pena.

Este deterioro de la calidad de vida que vive el deprimido pronto estará acompañado de pérdida de la autoestima. El deprimido se desvaloriza: se siente incapaz, insuficiente, inferior. Se autodesprecia constantemente, a pesar de las palabras con las que pretenden animarlo sus allegados a quienes ha confiado su problema. Este autodesprecio puede afectar también su trabajo, su inteligencia o sus capacidades afectivas. "No soy capaz de nada" es la frase común entre los deprimidos.

Lo que hace aún más dolorosa la tristeza de la depresión nerviosa es que el deprimido suele sentirse responsable de su estado. Esto es lo que se llama la autoacusacion. Vergüenza y remordimiento, ciertamente injustificados, se asocian y afectan hechos triviales que el deprimido maximiza, creando incluso hechos inexistentes. Este fenómeno es particularmente notable en personas que profesan alguna religión o en aquellas de origen judeocristiano, por cuanto las nociones de pecado y castigo se avivan en los estados depresivos.

A la inversa, puede suceder que en lugar de este sentimiento de indignidad se produzca el sentimiento de autocompasión. La persona hace responsables a los demás de su situación, es decir, a los que la rodean, ya sea por celos, por maldad o porque la persiguen.

Nótese que lejos de ser una tristeza común, el dolor moral de la depresión nerviosa representa un verdadero drama para el enfermo. Por eso, hace suya la frase de Kierkegaard: "Lo raro no es estar desesperado; al contrario, lo que es raro, rarísimo, es no estarlo". La consecuencia lógica, en estas condiciones psicológicas, es el deseo de morir. El suicidio, el ingreso en el "gran olvido", puede entonces buscarse de manera brutal, sin premeditación, o estar cuidadosamente preparado para que la acción resulte "más eficaz" y peligrosa no solo para el sujeto sino para sus familiares cercanos a quienes puede arrastrar en un suicidio colectivo. Aquí puede plantearse la pregunta acerca del fundamento legal de algunas publicaciones que muestran técnicamente cuándo es más seguro un suicidio: si cada quien es libre de disponer de su vida, más vale que lo haga en su sano juicio y en sus capacidades intelectuales plenas. Ahora bien, éste no es el caso del deprimido...

¿Algunos deprimidos se encuentran, a priori, más inclinados al suicidio? Sí. Se trata de los deprimidos ansiosos y agitados y de los mayores de 40 años. Los hombres se suicidan más que las mujeres y generalmente "no fallan". Por consiguiente, un hombre deprimido, ansioso, de más de 40 años, es un individuo de alto riesgo.

Toda depresión es dolor

Estoy triste; todo lo veo negro; pero los sucesos no tienen la culpa; mis razonamientos no tienen la culpa; es mi cuerpo el que quiere razonar; son opiniones viscerales.

Alain, *Propos sur le bonheur*

Suele olvidarse la dimensión dolorosa de la depresión. Un deprimido experimenta verdadero dolor, comparable a un dolor físico. Como éste, es individual y, sobre todo, incomunicable, puede desquiciar y luego destruir a su víctima.

Ahora bien, frecuentemente se descuida este aspecto doloroso de la depresión. ¿Por qué esta falta de atención? Porque los médicos carecen, todavía, de una formación específica sobre el dolor, especialmente el dolor moral, fenómeno reconocido como tal hace apenas unos diez años. Además porque quienes rodean al deprimido, al no poder ponerse en su lugar, no pueden comprender lo que le sucede.

Se produce, entonces, un verdadero círculo vicioso que puede llegar a ser fuente de fracasos terapéuticos. Cuanto más se queja el deprimido, más se cansan quienes están cerca de él. Y cuanto más perceptible se hace este cansancio más apremiante se hace la solicitud de ayuda. Cuanto más intensa es esta solicitud, menos comprensible resulta. La mutua incomprensión se hace total: los allegados le insisten al deprimido sobre la alimentación -"Come algo, haz un esfuerzo"-, sobre el vestido -"Si por lo menos te preocuparas por tu aspecto"-, sobre las distracciones -"Procura salir, ir a un cine"-, cuando la única preocupación del deprimido es el sufrimiento que experimenta, esa soledad dolorosa en la que se está ahogando y de la cual quiere que lo saquen.

¿Pero cómo hacer comprender a los demás que cuando se está encerrado en sí mismo, desencantado de todo, incapaz de hablar o de hacer un ademán de acercamiento, se está esperando una mano que se tienda, un oído que escuche? La única forma de comunicación son las quejas y recriminaciones que aburren a las personas cercanas, quienes terminan no escuchándolo ni prestándole atención. La soledad crece, así como la agresividad, y el deprimido se encierra en su gueto, diciendo: "El infierno, son los otros" también yo mismo. Toda depresión es, pues, dolorosa. Más que las dificultades de relación, que los problemas físicos, digestivos, nerviosos o de otro tipo, más que los trastornos del sueño, más que la inhibición, el bloqueo para hacer las cosas, más que el aburrimiento que todo lo invade, más que el desinterés por todo y por todos, más que cualquier cosa, el sufrimiento obsesiona al deprimido. Sufre constantemente y con todas las fibras de su ser. Si se olvida este hecho, cuando se habla con un deprimido, se olvida lo esencial.

Para luchar contra este aspecto de la depresión solo existe una conducta posible, una respuesta eficaz: escuchar. Escuchar de verdad -"Tienen oídos pero no escuchan"- las quejas del deprimido. Escuchar atentamente, pacientemente, repetidamente, permite que el dolor moral, poco a poco, sea evacuado. Así, y solamente así, el dolor de la depresión se alivia y finalmente desaparece.

Por esto, es tan importante encontrar un confidente cuando se está deprimido. Es indispensable poder comunicarse con el cónyuge, con un amigo o con una persona afectivamente neutra, como un sacerdote o un médico. En la depresión y el dolor, se necesita la ayuda de otra persona para sobreponerse. Este mecanismo es el que entra en juego en las psicoterapias de apoyo: hace falta saber —y poder— descargar en otro el peso del sufrimiento que pesa sobre los propios hombros. Deprimirse es sufrir. Curarse es poder hablar.

De la retardación a la inhibición

> Usted tiene la desgracia de ser inteligente, de pensar demasiado en usted mismo y de querer comprender por qué se siente unas veces contento y otras veces triste. Y se enoja consigo mismo porque, por razones que conoce, no puede entender su alegría y su tristeza.
>
> **Alain, *Propos sur le bonheur***

La depresión nerviosa no es solo un cambio de humor que se vuelve melancólico, desesperado. También afecta las funciones intelectuales, físicas y psicológicas.

Uno de los principales signos que presentan casi todos los deprimidos es la fatiga. Quizás podría hablarse, en un comienzo, de fatigabilidad: todo exige esfuerzo, todo resulta trabajoso. El deprimido se fatiga más rápido de lo acostumbrado, lucha contra esta fatiga por medio de una hiperactividad y termina sintiéndose agotado.

Pero este agotamiento es diferente de otros cansancios que una persona puede sentir. La fatiga depresiva está asociada a una absoluta falta de energía, a una inercia general con pérdida de entusiasmo o de vitalidad o de dinamismo, con lo cual toda acción o iniciativa se hace imposible.

Esto salta a la vista en la actividad del deprimido: sus gestos se hacen lentos y escasos, sus movimientos le exigen esfuerzo, hasta que encuentra refugio en la postración. Otras manifestaciones de esta retardación de las actividades motrices también son observadas por los allegados: le falta expresividad, tiene rasgos permanentes de tristeza, habla en voz baja y en un solo tono. Resulta, entonces, difícil hablar con un deprimido porque sus respuestas son escasas, hay que sacarlas con esfuerzo y salen acompañadas de grandes suspiros.

Se vio antes que el deprimido se desvaloriza. Probablemente porque la depresión provoca en él una alteración de las capacidades intelectuales. Más del 30% de los depresivos se quejan de que son incapaces de pensar en forma correcta y eficaz. Sus pensamientos, sus ideas, su imaginación, se han empobrecido, se producen trabajosamente, como si estuvieran frenados. Terminan por sentirse obsesionados por una sola cosa, generalmente tétrica, a veces suicida, o por la misma sensación de no poder pensar.

También conviene tener en cuenta que el tiempo no es vivido por el depresivo de la misma manera que lo vive una persona normal. Le parece que todo ocurre lentamente, que el tiempo se ha congelado, no entiende la agitación de los que lo rodean y además le parece anormal. El deprimido se encuentra atrapado en el tiempo y no puede liberarse. Inhibido, física y espiritualmente, no puede percibir de manera correcta el mundo normal.

Para hacerse una imagen, es como si el deprimido hubiera caído en un pozo y alcanzara a ver la luz del día por el brocal como un tenue y lejano resplandor al que no logra acercarse. La agitación lo extenúa. Entonces, ¿para qué intentarlo?

El cuerpo habla: desde la mañana hasta el anochecer

El sufrimiento moral se expresa también físicamente. Los problemas físicos son constantes en los deprimidos y suelen aparecer desde el principio (como se vio en el caso de la predepresión)[3].

La fatiga ciertamente existe, y está acompañada de problemas de sueño y de trastornos digestivos. Un 70% comienza a deprimirse debido a trastornos del sueño. Muy frecuentemente se trata de insomnio a la hora de acostarse, insomnio atormentado por recuerdos dolorosos de ese día o de sí mismo. Otras veces se trata de desvelos en la madrugada con imposibilidad de volver a conciliar el sueño, lo cual aumenta la fatiga. Esto hace confundir la depresión con un simple mal dormir. Pero lo más frecuente es la dificultad para dormir, las pesadillas, los desvelos en la madrugada y, consiguientemente, la somnolencia durante todo el día.

También es frecuente el sueño durante el día como forma de escape. A esto se le llama hipersomnia, que no repara la fatiga ni evita los trastornos nocturnos de sueño.

El cuerpo del deprimido también habla "por su boca". Casi nunca tiene hambre, ni disfruta la comida, por lo cual enflaquece. Además sufre problemas digestivos: estreñimiento (por falta de alimentación) o diarreas (por la ansiedad).

El cuerpo expresa el sufrimiento moral de manera diferente según la hora del día. En líneas generales, el momento más doloroso es el principio del día. Cuanto más temprano se despierta, más interminable e insostenible le parece el día que comienza. A medida que las horas pasan, la fatiga que al principio imaginaba permanente y paralizante, se alivia un poco. Hacia el final de la tarde, el humor mejora pero la ansiedad aumenta a pesar de que se pretende "combatirla" con una actividad febril que afecta la hora normal de ir a dormir.

Y cuando el día que está a punto de terminar parece, por fin, vivible, viene la noche que resulta insoportable.

3. El autor utiliza el vocablo francés: "Pré-déprime" (N del T.).

La ansiedad

La ansiedad es un sentimiento desagradable respecto a un suceso impreciso, ingrato o peligroso, que resulta inminente aunque imprevisible. Un grado más y aparece la angustia permanente, total, agotadora, atroz. Todo deprimido vive esta situación, porque tiene conciencia de que su estado no es normal, que es diferente de los demás y de como era "antes". Para luchar contra esta angustia, que puede enmascarar la tristeza subyacente y falsear un diagnóstico, el enfermo depresivo intenta actuar. Se agita, va y viene, busca seguridad en una excitación vana e inútil. Se siente febril, nervioso, interiormente agitado y con el cuerpo tensionado. Entonces busca quien le ayude.

Aparecen, entonces, problemas de carácter: el deprimido se vuelve intolerante con los que están cerca de él, irritable, impulsivo. Algunas veces la agresividad y la violencia pueden ser consecuencia de su hipersensibilidad a lo que lo rodea y de su hipernerviosidad que aumentan, aún más, su desconcierto.

No se debe ignorar esta angustia que puede precipitar una crisis suicida. Por ello el tratamiento de la depresión debe incluir tranquilizantes, además de antidepresivos.

DEPRESION Y SUICIDIO

Nunca se debe olvidar la tentación del "gran olvido"

> No es la primera ni la última vez que un hombre honesto, sintiéndose deshonrado, se mata y es llorado por quienes él creía que lo despreciaban.
>
> **Alain, *Propos sur le bonheur***

Quien quiera reflexionar sobre el suicidio debe tener en cuenta -al menos en Francia- tres cifras. Son cifras muy simples, redondas, pero muy significativas: en Francia, cada año, más de 10.000 personas (10.341 en 1980) se suicidan; más de 90.000 -¡nueve veces más!- intentan suicidarse y, de éstos, la tercera parte son jóvenes entre los 15 y los 24 años, es decir, son 30.000 adolescentes y/o jóvenes adultos.

A este dato hay que agregar una dolorosa realidad que muchas veces se pretende ignorar: uno de cada cinco "suicidas" conserva durante el resto de su vida secuelas físicas, somáticas, grabadas en su carne, en su cuerpo, y de forma muchas veces severa.

Hablar, pues, del suicidio, como se hace con tanta frecuencia en los salones de París, discutir con una fingida serenidad social acerca de las "técnicas" reveladas por algún libro seudocientífico, debatir el "derecho a morir" de los demás, conforme a las diversas normas religiosas, morales o culturales que rigen en el mundo, es olvidar la dimensión profundamente humana del fenómeno.

Para el hombre, la mujer o el niño que cometió, comete o va a cometer suicidio, este "darse muerte a sí mismo", en el sentido etimológico, representa la única manera de escapar de un sufrimiento moral intolerable. Después de una larga reflexión o presa de la mayor desesperación, el suicida solo encuentra refugio en la muerte, paz en el olvido, alivio en el anonadamiento. Y al no poder calmar la tortura de su alma, al resultarle insoportable el vivir, recurre a un "dolor" aún más dramático pero que resulta liberador: la autodestrucción.

Suicidarse es destruirse, destruirse es liberarse: aparente paradoja de la lógica humana para la cual la muerte es la única posibilidad de "sobrevivir", locura de la razón contra la locura razonable de lo cotidiano que se ha vuelto insoportable.

Thanatos vence a Eros en este drama que no es teatral. El suicidio "de película" solo existe en la mente de quienes no creen en el espíritu humano: para los suicidados, suicidas o próximos al suicidio[4] el coqueteo con la muerte nunca es mentira.

Detrás de una depresión se perfila la idea de la muerte. Es constante en los pensamientos del deprimido y puede aparecer, aunque no sea evocada, durante una cita con el paciente. Cuando esto ocurre, siempre hay algún alivio, ya que el deprimido tiene la posibilidad de darse cuenta de la gravedad y seriedad de sus ideas "autoagresivas", así como de sus deseos de autodestrucción.

Es indispensable tomar en serio el peligro de suicidio que corre un deprimido, riesgo que puede conducir a una hospitalización o a un cambio de tratamiento. Ciertamente existen situaciones en las que el peligro es evidente: cuando el enfermo se considera incurable, inútil, culpable, despreciado por todos. Se trata, aquí, del melancólico para quien hay que iniciar un tratamiento de emergencia.

Cuatro factores de riesgo se deben tener en cuenta:

antecedentes personales o familiares de suicidio;

la edad: la adolescencia y la edad avanzada son períodos de alto riesgo;

4. El autor escribe: ""Suicidés", "suicidants" ou "suicidaires" (N del T.).

la ansiedad: cuanto mayor sea, más favorece el acto suicida impulsivo e imprevisto;

finalmente, el hecho de haber previsto e imaginado -a veces en detalle- la forma de suicidio.

Se piensa que el riesgo de suicidio es mayor en quienes no hablan de él. Sin embargo, afirmar que "si habla de suicidio es porque no lo va a hacer", es una teoría muy peligrosa. Es cierto que a quien no habla de su muerte es al que se debe vigilar más de cerca. Pero ignorar la solicitud de ayuda, la llamada, que contiene el propósito suicida expreso, es arriesgarse a provocar el acto suicida con un razonamiento como éste: "Si no quieren oírme, van a verlo". El acto suicida está dirigido contra sí mismo y contra los demás.

No hay que olvidar que toda tentativa de suicidio ofrece dos aspectos: el primero es, evidentemente, el deseo de muerte, que es el que predomina; el segundo es una llamada a los demás que también es preciso reconocer.

Muchas veces se habla de "falsos" suicidas debido a las tentativas recurriendo a una pequeña cantidad de droga o a una pantomima sin que el riesgo de muerte sea real. Esto es erróneo: un "falso" suicidio que no sea tomado en serio o no haya abierto la puerta a un diálogo constructivo, coloca al enfermo en una situación crítica de la cual va a intentar salir por medio de un "verdadero" suicidio.

Ahora bien, no existen suicidios "falsos" o "verdaderos". Existen personas deprimidas que sufren y para quienes la solución a su sufrimiento puede ser la tentación del gran olvido que borra todos sus tormentos.

Al "darse muerte a sí mismo", el suicida evoca en cada uno de nosotros, emociones diversas y contradictorias, interpela nuestra conciencia moral, nos conduce hasta ciertos fantasmas de identificación no muy claros.

Mucho se habla "del" suicidio. La preocupación debería ser por "los" suicidas: suicidas en potencia, suicidas fracasados o suicidas que hayan logrado su cometido. Es posible suicidarse por una gran cantidad de razones, religiosas, éticas, morales -como los suicidas orientales-, materiales, pasionales, etc.

Nadie tiene derecho a juzgar las razones que tiene un suicida. Se puede intentar comprenderlo, procurando evitar consejos que parezcan crítica.

Esto es aún más cierto cuando se trata de un suicida "fracasado". Los intentos de suicidio son más frecuentes entre los jóvenes que intentan matarse, en un gesto impulsivo, sin preparación y en un estado emocional que no les permite reflexionar acerca de la situación en que se encuentran y que les parece sin salida.

Ante la aparente simplicidad de su propio "suicidio", ante el intento fracasado de no haber logrado el resultado -¿será que solo se toma en serio (con remordimiento) a los suicidas que logran su propósito?- se habla del chantaje del suicidio. Ahora bien, todo intento de suicidio, especialmente en jóvenes, es un grito de ayuda y a la vez un coqueteo con la muerte. El riesgo existe para quien busca el gran olvido. Ignorar este hecho es convertir el suicidio en un acto trivial. De hecho, algunas publicaciones llegan, incluso, a presentar las técnicas más efectivas para poner fin a la vida como si se tratara de recetas culinarias.

El suicidio no es un acto trivial. Es un acto de no libertad, un gesto en el cual el sujeto carece de libertad para actuar y de libertad para pensar. Se encuentra en una situación sin salida, en una vía de un solo sentido hacia la muerte.

El suicidio no es un acto libre. No se puede hablar de "derecho al suicidio" cuando, a excepción del Reino Unido, la mayoría de los países no lo condenan ni lo prohiben. La única libertad de la cual dispone el suicida es la de los medios con que cuenta para poner fin a su vida. Facilitarle estos medios es como empujarlo hacia la puerta negra de la muerte.

Salvar a un suicida potencial, ayudar a un deprimido, comprender y ayudar a un suicida fracasado, es, más que un gesto humanitario, darle la libertad de jucio para retractarse de su decisión. El suicidio nunca es un acto libre.

¿Cómo juzgar el riesgo del suicida potencial?

En principio no es fácil juzgar si un deprimido tiene muchas posibilidades de intentar el suicidio o no. Tanto más cuanto que las siguientes cifras ponen a pensar: solamente entre el 30 y el 40% de los que intentan suicidarse son deprimidos. Más de la mitad de los intentos de suicidio son personas brutalmente enfrentadas a una situación de conflicto o frustración que les resulta insoportable. De ellas, las 2/3 partes son mujeres y 1/3 son hombres, mientras que las 2/3 partes de los hombres logra suicidarse y 1/3 parte de las mujeres fracasa.

En un deprimido existen factores de riesgo de suicidio potencial que pueden identificarse y analizarse. Estos factores de riesgo merecen ser observados para prevenir el suicidio, por cuanto la depresión, que afecta al 3.5% de la población mundial, es una de las principales causas de suicidio.

En la depresión grave o melancolía, el deseo de muerte es más fuerte. Este deseo es más intenso en las primeras horas del día, bien sea que se exprese claramente en la forma ansiosa de la depresión o que se disimule en ciertas formas "crepusculares" en las que el suicidio es cuidadosa y secretamente preparado. El amanecer es el momento más peligroso para el melancólico.

Pero sería un error subestimar el peligro de suicidio en otros tipos de depresión. Ya sea que se trate los suicidios ruidosamente anunciados, como en muchas reacciones depresivas (por ejemplo, fracaso amoroso), ya sea que los intentos de suicidio se repitan de manera aparentemente poco peligrosa, se tiende a minimizar el hecho. Ahora bien, de cada diez suicidios, ocho fueron anunciados, y en el 80% había intento previo. En este último caso, más de la mitad de los suicidas logran su propósito en el curso de los dos años siguientes a la última tentativa fracasada.

Los antecedentes juegan un papel muy importante para identificar la posibilidad de suicidio. Antecedentes de la primera infancia, como pérdida de los padres durante esos años, carencias afectivas, desacuerdo entre los padres, divorcio, enfermedad mental de uno de los padres. También pueden ser las dificultades de adaptación social que se presentan a lo largo de toda la vida: inestabilidad escolar, conflictos con los padres, alcoholismo, varios matrimonios, conflicto permanente con el cónyuge, inadaptación profesional casi constante. Así mismo, repetición de episodios difíciles, generalmente de carácter depresivo, que manifiestan la dificultad de la persona para adaptarse a la vida.

Las circunstancias actuales del sujeto también juegan papel determinante en su intento de suicidio. Ciertos acontecimientos ocurridos en el curso de los últimos seis meses pueden constituirse en el factor generador. Al representar un cambio brutal en la vida del deprimido, determinan el gesto suicida definitivo. Puede ser una enfermedad grave que afecta al sujeto o a un miembro de su familia, un nacimiento, una muerte, conflictos conyugales, un cambio de vivienda, problemas financieros, un pleito, etc. En general, todos los factores de estrés que pueden desatar una depresión de tipo reactivo. Por eso el factor primordial de un suicidio, más que los mencionados anteriormente, es la ruptura de los lazos sociales: ancianos que han ido perdiendo a sus amigos y parientes, personas solas que viven en "ciudades-dormitorio", solteros sin ningún vínculo afectivo, etc.

Todo esto hay que tenerlo en cuenta cuando surge la llamada de un suicida potencial para poder evaluar el riesgo real y evitar que se convierta en suicida de verdad.

COMO RECONOCER LA PROPIA DEPRESION

De las reacciones depresivas comprensibles y deseables... a la depresión

Gracias a los múltiples trabajos efectuados en los últimos años acerca de la enfermedad depresiva, ha sido posible estudiar las reacciones depresivas de manera más racional, es decir, evitando ignorar un comienzo de depresión, primer peligro, y llamar depresión lo que no es sino una normal reacción depresiva al estrés, segundo peligro. Un traumatismo (por ejemplo, un divorcio, que para uno de los cónyuges puede ser un grave choque mientras para el otro puede ser un asunto trivial), puede producir una "reacción depresiva".

La reacción depresiva es normal y forma parte de la vida. Al principio se presenta una fase de estupor o estado de choque. Angustia, trastornos del sueño, problemas de la alimentación, son frecuentes durante este periodo. Después se presenta, durante algunas semanas o algunos meses, una fase de reacción depresiva con una gran tristeza, aburrimiento, desinterés por todo lo que no está relacionado con el hecho traumatizante, lágrimas: es lo que también se conoce como la reacción de duelo. Esta reacción es un signo positivo y muestra que el sujeto tiene equilibrio psicodinámico correcto, que es sensible a los influjos externos. Por otra parte, constituye un modo de defensa con respecto a la pérdida del objeto de deseo o de un ser amado (duelo propiamente dicho, fracaso escolar, desempleo, etc.). Pero esta reacción, que dura solo unos meses, puede hacerse crónica. Se produce, entonces, el paso a una verdadera depresión reactiva con tristeza profunda, ideas mórbidas, dificultad para conciliar el sueño, desvelo, problemas físicos serios, trastornos de comportamiento, inhibición progresiva de las ideas y de los actos. Se llega así a un estado depresivo que, si no es tratado correctamente, puede convertirse en una depresión crónica. Para impedirlo se necesita un tratamiento médico antidepresivo, ya sea en el estadio de la depresión misma, ya sea en el estadio de la depresión reactiva con tranquilizantes y ayuda psicoterapéutica. Ahora bien, en todos los casos este peligro puede evitarse si se dedica el tiempo necesario para escuchar atentamente a quienes sufren el choque de una reacción depresiva.

Sin embargo, como se verá, no siempre es fácil estar atento a las depresiones reactivas, ya que si bien ciertos traumatismos (duelo, separación, pérdida de dinero, etc.) son ciertamente dolorosos, otros acontecimientos aparentemente más "felices" (matrimonio, nacimiento, ascensos) pueden resultar estresantes y desatar también una reacción depresiva.

Reacciones depresivas comprensibles

El organismo reacciona de muy diversas formas cuando se siente agredido por un estrés afectivo. Algunas de las manifestaciones más frecuentes son dolores de estómago y de cabeza, nudo en la garganta, así como la "pequeña depresión" o reacción depresiva con la cual el cuerpo manifiesta que sufre interiormente.

De hecho, las reacciones depresivas presentan los grandes signos cardinales de la depresión pero en menor intensidad y de manera aislada.

Puede tratarse:

de una tristeza dolorosa, de pesimismo con respecto al futuro;

de dificultad para disfrutar los placeres de la vida;

de indiferencia hacia los demás, hacia la comida, hacia el placer sexual;

de ideas obsesivas y tristes;

de retardación general que da al sujeto un aire de abatimiento;

de una sensibilidad exacerbada con llanto frecuente.

Pero también puede tratarse de problemas de sueño que producen fatiga, tristeza y pensamientos mórbidos. Cuando como parte de estos problemas hay insomnio a la madrugada, despertar temprano y pesadillas, hay que tener cuidado: la verdadera depresión no está lejos.

La fatiga es también una forma de reacción depresiva. Es más un cansancio que una verdadera fatiga. Se caracteriza por ser dolorosa, principalmente una "fatiga para levantarse" que con el tiempo se vuelve crónica. Conviene buscar los signos que indican el paso a la depresión: fatiga intelectual, repliegue sobre sí mismo, desinterés, dificultad para pensar. La ansiedad, cuando se manifiesta como sentimiento de inseguridad, crisis de angustia aguda, dolores físicos de diversa índole (palpitaciones, dolor de espalda o de estómago), indica una reacción depresiva, sobre todo cuando esta angustia difusa no cede a las drogas ansiolíticas clásicas.

En estos casos de reacción depresiva, existe un triple riesgo:

Dejar pasar el tiempo y esperar a que el problema se instale en forma permanente. Entonces, al verse perturbadas tanto la vida del sujeto como la de quienes lo rodean, se busca atención profesional.

Confundir una reacción depresiva normal con una verdadera depresión. El insomnio, la ansiedad, la fatiga, no ceden a los antidepresivos, los cuales simplemente agravan la situación.

Ignorar estos problemas y el sufrimiento que ellos manifiestan: es preciso que surja una relación de confianza entre el paciente y el terapeuta, el cual debe saber prestar atención a estos problemas. El paciente, al sentirse escuchado y comprendido, empezará a confiar.

Se podrá, entonces, buscar la causa inicial y real de la reacción depresiva, sin dramatizarla y sin minimizarla. En tres o cuatro semanas, se puede hacer que la reacción desaparezca con la ayuda de tranquilizantes suaves a base de plantas, evitando que ésta se agrave y se convierta en verdadera depresión.

Las depresiones "enmascaradas"

Muchas depresiones nerviosas no se presentan como tales. Se "enmascaran" o se ocultan detrás de muchas apariencias psicológicas u orgánicas que pueden confundir. La prioridad para el médico, en este caso, es no pasar de largo al lado de una depresión. Es más importante que escoger la droga adecuada o "escribir una fórmula". De hecho, la persona deprimida que consulta al médico es, sin duda alguna, alguien que sufre, pero también alguien que encontró una "buena razón" para ir al médico, una razón que no le dé miedo: fatiga, angustia, dolores, problemas de sueño, etc. Algunas veces esta "buena razón" evoca sin dificultad la depresión; otras veces, en cambio, es engañosa, es una máscara: corresponde al médico poder quitarlo para abordar la verdadera causa del malestar, es decir, la depresión.

Algunas veces, también puede suceder que un médico trate como depresión algo que realmente no lo es. Esto pasa con tanta más frecuencia cuanto que el límite entre la depresión y la angustia no siempre es evidente ni existen pruebas para hacer un diagnóstico de la depresión. Pero si el médico se toma el trabajo de escuchar al enfermo, esta dificultad disminuye. Por otra parte, el tratamiento momentáneo con antidepresivos, no ofrece riesgos, mientras que la ausencia de un tratamiento adecuado al principio de una depresión nerviosa es mucho más grave. No hay que olvidar que toda depresión en algún momento puede ser insoportable y que el riesgo de suicidio no se puede ignorar.

Los disfraces de la depresión son muchos. En primer lugar, toda una serie de trastornos físicos que disimulan tan perfectamente el desorden psicológico que éste solo se descubre mucho tiempo después y a veces nunca. En estos casos el diagnóstico y, consiguientemente, el tratamiento, toman dirección equivocada y carecen de eficacia terapéutica.

No siempre es fácil admitir el origen psicológico de un malestar, sobre todo cuando es evidente que se trata de una molestia física. Pero cuatro elementos pueden dar la alarma:

disminución de la eficacia intelectual;
accesos de estrés o de dolores diversos;
sudoración;
sentirse mejor por la noche que por la mañana.

El dolor físico traduce generalmente el dolor moral. La columna vertebral es el blanco privilegiado de estas depresiones enmascaradas. Los dolores de espalda son los más frecuentes, pero también pueden ser dolores particularmente intensos en el cuello.

También la cabeza resulta afectada: sensación de pesadez, de una banda dolorosa que aprieta en la frente. Estos son signos de depresión. Estos dolores tienen origen psicológico cuando son constantes, resisten a los analgésicos habituales, y el resultado de los exámenes (desde las radiografías hasta el scanner) es normal.

Menos dolorosas pero igualmente penosas son las sensaciones llamadas "funcionales" que traducen un desequilibrio psicoafectivo:

Palpitaciones, a menudo intensas, que acentúan la angustia y el estrés existentes, así como sensación de dificultad para respirar. Esta "dificultad para respirar" refleja la "dificultad para vivir" que experimenta el deprimido.

Trastornos digestivos permanentes y sin causa aparente, que deberían llamar la atención del médico hacia la esfera psicológica en lugar de hacia las afecciones estomacales, intestinales o biliares. ¡La depresión es engañosa! Los problemas digestivos, los dolores de estómago, la "bola en el estómago", la dificultad para tragar, el nudo en la garganta, son signos típicos. Por lo tanto es preciso buscar qué esconde este cuadro.

En una depresión enmascarada, los problemas físicos son la parte visible del iceberg. La parte oculta es la más peligrosa: incapacidad para sentir alegría, dificultad para tomar decisiones, ideas negras que rondan sin cesar, temores sin fundamento, disminución de la actividad profesional y de la libido, pérdida del impulso vital, agitación interior tanto más dolorosa cuanto que está acompañada de sentimiento de indiferencia y desinterés por todo: un verdadero marasmo psicológico y afectivo se desarrolla tras la máscara de un problema físico. Hay que descubrir este marasmo, sacarlo a la luz y prestarle atención. Hay que tratar el sufrimiento del alma sin dejarse engañar por el problema del cuerpo.

Depresiones enmascaradas: tenga cuidado si:

siente una fatiga anormal, particularmente en la mañana;
sufre trastornos ocasionales de memoria;
se le meten en la cabeza ideas mórbidas obsesivas;
su sueño se perturba, principalmente si se despierta a la madrugada y no puede volver a dormirse;
le cuesta trabajo conciliar el sueño por miedo a las pesadillas y a no dormir;
de pronto pierde el apetito y enflaquece;
sufre diversos trastornos digestivos;
disminuye la libido y el deseo sexual;

tiene dolores de cabeza repentinos, especialmente en el vértice del cráneo y con presión, constantes, resistentes a los analgésicos habituales;
siente dolores en la columna vertebral sin que exista una causa;
experimenta sensaciones de vértigo, se le aflojan las piernas;
siente constantemente como un temblor y una tensión interiores;
tiene la impresión de que su carácter cambia y se vuelve hipersensible e irritable.

Pueden ser signos de una depresión enmascarada. Consulte inmediatamente, ya que el único alivio rápido es un tratamiento con el antidepresivo adecuado.

La predepresión, un momento clave

Como muchas enfermedades, la depresión nerviosa se trata mejor y más rápidamente cuando es detectada a tiempo.

¿Pero no sería mejor predecir una depresión detectando los signos precursores? Así se podría iniciar el tratamiento antes de que se instale y evitar las consecuencias psicosomáticas y los trastornos fisiológicos y sociales que ella acarrea.

¿Este método podría presentar peligro de sobremedicación? No, por dos razones. La primera es que cuanto antes se trate la depresión, menos largo es el tratamiento necesario para lograr su curación. La segunda es que actualmente más de la mitad de los deprimidos no son tratados correctamente, es decir, mediante antidepresivos adecuados, lo que produce numerosas ausencias al trabajo y múltiples hospitalizaciones.

Recuérdese que el 90% de las depresiones son depresiones reactivas, por agotamiento, y que solo el 10% son estados maníaco-depresivos. En la gran mayoría de los casos, el tratamiento de estas depresiones reactivas debería ser corto, rápido y eficaz. La única condición es haber comenzado a tiempo.

Ahora bien, parece que desde hace unos cinco años se ha podido aislar lo que pudiera llamarse un estado predepresivo. Esta "predepresión" es un período clave para hacer el diagnóstico precoz que permite recibir inmediatamente ayuda psicológica personalizada junto con un tratamiento antidepresivo, evitando el paso a la depresión completa y permitiendo un tratamiento más ligero que no afecte las obligaciones familiares y profesionales del deprimido.

Seis signos parecen caracterizar la "predepresión":

1. Los problemas de sueño: se trata, sobre todo, de dificultad creciente para dormirse, que comienza a empeorar y que obliga a recurrir a los somníferos. También puede tratarse de sueño perturbado, con insomnio tardío que se presenta al despertarse repentinamente a las 4 o 5 de la mañana sin poder volver a quedarse dormido. Esto debe poner en alerta.

2. La fatiga: la persona se queja de una disminución de su agilidad, de su eficacia, de su dinamismo. Para la lucha contra esta sensación de fatiga, la persona pasa a una hiperactividad: acumula horas extras, lleva trabajo a la casa, se inventa actividades para el fin de semana. Pero al final resulta una fatiga mayor y cada vez más insoportable.

3. Los trastornos de la libido también son frecuentes. No se trata de impotencia o frigidez, sino de disminución del deseo sexual. Las relaciones se hacen menos frecuentes y producen ansiedad.

La relación de pareja resulta perturbada. Pero, paradójicamente, muy pocos predeprimidos consultan al médico. Atribuyen su estado a los problemas de sueño y a la fatiga que están sintiendo: "Hágame dormir y devuélvame las fuerzas, todo se arreglará", me decía un paciente.

4. La intolerancia al ruido es también signo de predepresión. Es un hecho que la contaminación sonora es una de las plagas de nuestra civilización y que nos hemos acostumbrado a ella. Y es un hecho, también, que los ruidos corrientes no resultan agresivos, al menos aparentemente. En el predeprimido, el medio habitual sonoro le resulta intolerable: los automóviles, la máquina de escribir de la secretaria, los juegos de sus hijos. Se produce, entonces, un signo muy evidente: la tendencia al aislamiento en un lugar tranquilo, lejos de los demás y de su alboroto.

5. Los problemas de carácter empiezan a aparecer: búsqueda de soledad, pero también agresividad acrecentada, irritabilidad con gestos o palabras duras, sobre todo en el medio profesional. El predeprimido es consciente de estos cambios pero no comprende por

qué se ha vuelto intolerante para con los demás y para con el mundo que lo rodea.

6. El cambio de comportamiento es reconocido por el sujeto y por sus allegados en el término de dos o tres semanas. "He cambiado y me preocupa. Quisiera saber por qué", dice el predeprimido. "No es el mismo", dicen sus allegados. En todos los casos, la persona afectada se inquieta, se angustia, se culpabiliza, a veces busca refugio en el alcohol y siente miedo hacia el futuro que no es capaz de controlar.

Estas son, pues, las señales de alarma de la predepresión: problemas de sueño y de la libido, problemas de carácter con intolerancia generalizada y cambios de comportamiento.

Si no se hace caso de ellos, aparecen los dos signos fundamentales de la depresión: el dolor moral con tristeza y pesimismo, y la inhibición con fatiga y retardación del siquismo y del comportamiento. Entonces habrá que curar una verdadera depresión.

Tratada a tiempo, la predepresión evoluciona rápidamente (en dos o tres meses) de manera muy favorable. Es fácil de curar por cuanto no necesita dosis altas e incómodas de medicamentos y el sujeto puede sentir la mejoría diaria. El único inconveniente de esta noción de predepresión es que se puede pecar por exceso. Se puede confundir la tristeza, que es un sentimiento normal, con la melancolía de la depresión, o dejarse engañar por signos de angustia o ansiedad. Todo ansioso no es un deprimido. Pero se puede correr el riesgo de convertir un momento de recogimiento sobre sí mismo, debido a un fracaso o ruptura amorosa, en la fatiga e inhibición de la depresión.

Este peligro puede evitarse si se escucha a la persona que se queja de estos problemas y si se replantean dentro de su contexto. Sobre todo, no basta uno de los signos sino que es preciso buscar los otros cinco. Y solamente se podrá hablar de predepresión y actuar sobre ella cuando por lo menos se detectan cuatro de dichos signos.

LA BIOLOGIA DE LA DEPRESION Y DE SU TRATAMIENTO

El cerebro humano no es un órgano único. De hecho poseemos tres. El primero es el hipotálamo, situado en el medio y el más antiguo dentro de la evolución de nuestra especie. Es el centro de nuestras pulsiones vitales, de nuestros instintos, trabaja conjuntamente con una glándula cerebral, la hipófisis, que secreta continuamente sustancias llamadas neurohormonas, las cuales están a la base de todos nuestros comportamientos primarios, como la sed, el hambre o el sueño.

Nuestro segundo cerebro está situado también en el centro del cráneo, un poco más arriba. Se conoce como el sistema límbico y es el centro de los afectos y emociones que experimentamos. Sus conexiones con el hipotálamo son muy estrechas.

Nuestro tercer cerebro, el más reciente en la evolución humana, es el córtex o corteza cerebral. Este es el cerebro inteligente, responsable de nuestros actos conscientes y reflexivos; el que nos permite adaptarnos al medio ambiente.

Las tres partes de nuestro cerebro se comunican entre sí mediante un juego de conexiones nerviosas que se denominan sinapsis. Una sinapsis es el contacto entre una terminación de una célula nerviosa, o neurona, y otra célula nerviosa. Entre las dos neuronas existe un espacio infinitesimal.

En este espacio, la primera neurona libera una substancia, un neuromediador, que es recibido y analizado por la segunda neurona. La orden es transmitida a lo largo de la segunda neurona tal como lo había sido en la primera hasta llegar a la sinapsis: por transmisión eléctrica (de intensidad extremadamente débil). Esta transmisión nerviosa del cerebro, a un mismo tiempo eléctrica y química, es un mecanismo extraordinariamente complejo y delicado: cada centímetro cuadrado del cerebro contiene 150.000 células nerviosas relacionadas entre sí; un centímetro cúbico del cerebro puede contener 600 millones de sinapsis. ¡No es extraño, entonces, que la explicación y el tratamiento de las enfermedades mentales sean tan complejos!

No obstante, los estudios y experimentos ofrecen algunos datos fundamentales:

1. El hipotálamo o cerebro primitivo es el centro de las depresiones nerviosas. En él se regula el humor normal del ser humano, en conexión con el sistema límbico, o cerebro emocional.

2. Hay muchas anomalías biológicas de tipo neurohormonal en las depresiones. Ahora bien, hasta ahora no ha sido posible lograr una prueba de laboratorio confiable de la depresión. Sin embargo, se han identificado tres neurohormonas en las depresiones:

* La serotonina o SHT: los valores sanguíneos y plaquetarios de serotonina se encuentran disminuidos en los deprimidos; así como la eliminación urinaria de serotonina, por lo cual podría pensarse en una disminución de la secreción de serotonina en los deprimidos.

Estos deprimidos responden mejor a los antidepresivos que estimulan la fabricación de serotonina.

* La noradrenalina: disminuye su eliminación por la orina.

Estos deprimidos responden mejor a los antidepresivos que aumentan la secreción de adrenalina.

* La dopamina: como es necesaria para el movimiento, su eliminación y, por lo tanto, su síntesis, se ve disminuida en las depresiones con evidente inhibición.

Para estos deprimidos son más eficaces los antidepresivos que estimulan la producción de dopamina.

¿Se podría pensar en tratar las depresiones según los valores biológicos y buscando los derivados de un neuromediador? Es uno de los actuales caminos de la investigación. Existen:

* Antidepresivos que estimulan la acción de la serotonina (impidiendo su destrucción) como la amitriptilina (Laroxil-Elavil®).

* Antidepresivos que favorecen la transmisión de la noradrenalina: nortriptilina (Psychostyl-Altilev®), maprotilina (Ludiomil®), imipramina (Tofranil®).

* Antidepresivos de acción dopaminérgica como la nomifensina (Alival®) o el Survector®.

Gracias a estas investigaciones se espera distinguir los grandes signos patológicos, como la tristeza, la inhibición o la ansiedad, y asociarlos a una carencia de algún neuromediador, por falta de secreción, mala utilización o destrucción en las sinapsis. Esto permitiría suministrar de inmediato el antidepresivo adecuado. Pero también sería olvidar la complejidad del cerebro humano, reducir la herida vital profunda que es la depresión nerviosa a un déficit de una neurohormona. Las morfinas cerebrales, las endorfinas, también juegan un papel, lo mismo que las moléculas de la ansiedad y los neuromediadores que unen los tres cerebros y cuyo funcionamineto resulta alterado en una depresión. Muchos misterios de la mente permanecen desconocidos a pesar de que se vislumbren caminos de esperanza.

¿Qué tipo de depresión?

Dado que la palabra depresión se usa comúnmente en medicina, en economía o en meteorología, se corre el peligro de trivializar y desconocer su significado. Ahora bien, la depresión nerviosa es una enfermedad vital que afecta al "ser animado", a la interioridad de un cuerpo que sufre. Todo en el ser se encuentra deprimido.

La depresión se caracteriza, ante todo, por una tristeza existencial: no se trata de una tristeza por relación a un objeto preciso, como en el duelo, sino referida a un vacío absoluto. La persona vive una ausencia eterna, una apertura hacia la nada. Es el significado literal, derivado del griego, de la palabra depresión: hondonada, hundimiento. La depresión simple, en cuanto reacción de tristeza asociada a una causa precisa, limitada en tiempo y en intensidad, es algo bien diferente. En esta última hay retardación moderada de las actividades; en la verdadera depresión nerviosa hay una vivencia interior de absoluta impotencia que postra al sujeto en un estado de apatía. Así mismo, en la depresión nerviosa entran en juego los sentimientos de fracaso, culpabilidad e incapacidad para salir de ella, sentimientos que no se presentan en la depresión simple.

Lo anterior tiene consecuencias para el tratamiento.

Frente a la angustia que produce, quienes están cerca del deprimido sienten deseos de "sacudirlo". Antiguamente se recurría a los baños de agua helada y al electrochoque. Hoy se utilizan los antidepresivos. Pero no puede haber un buen tratamiento antidepresivo si no está acompañado de psicoterapia extensiva al entorno familiar. Dicho entorno tiene que reconocer al deprimido como un verdadero enfermo y ofrecerle una auténtica relación que le permita tomar conciencia de su depresión. Esto es indispensable para evitar que el deprimido se sienta atraído por el gran olvido. Saber escucharlo, cualesquiera que sean las circunstancias que provocaron la depresión, es hacerle comprender que se le toma en serio y que se reconoce su "herida interior" (su hemorragia del yo, dicen los psicoanalistas).

> Si una persona se suicida en el curso de una depresión es porque nadie reconoció la profundidad de su sufrimiento, porque nadie le hizo caso. En cierta forma, el suicidio de un deprimido es un asesinato colectivo.

¿CUANDO Y A QUIEN CONSULTAR?

¿CUANDO CONSULTAR?

Todo mundo puede sufrir una depresión o ser víctima de una tristeza pasajera. Pero mientras esto ocurre, ¿qué hacer? ¿Se trata de un momento un poco más difícil que los demás o se trata de una depresión?

La escala de tristeza que aquí se propone y el esquema correspondiente, permiten juzgar en qué estado se encuentra y qué hay que hacer para recuperarse.

Para ser más objetivo, puede pedir ayuda a una persona cercana para hacer la prueba. Así logra una mejor apreciación no solo de lo que usted está experimentando sino de su actual manera de ser y de vivir con los demás.

PRUEBA DE LA TRISTEZA-DEPRESION

Las dos columnas contienen adjetivos relativos a estados opuestos de ánimo. Sin reflexionar, marque de alguna manera aquellas palabras que mejor describen la forma como usted se siente. No marque nada cuando ninguno de los dos adjetivos corresponde a su estado (pero no lo haga muchas veces para no falsear la prueba).

fresco (a)	1	cansado (a)
indiferente	2	interesado(a) por los demás
contento (a)	3	melancólico (a)
coronado (a) de éxito	4	sin éxito
irritado (a)	5	tranquilo (a)
irresoluto(a)	6	resuelto (a)
jovial	7	llorón (a)
de buen humor	8	quisquilloso (a)
sin apetito	9	de buen apetito
sociable	10	introvertido (a)
poco dotado (a)	11	dotado (a)
distensionado (a)	12	tensionado (a)
feliz	13	desdichado (a)
tímido (a)	14	fácil de abordar

impuro (a)	15	puro (a)
seguro	16	inseguro
abandonado (a)	17	rodeado (a)
equilibrado (a)	18	interiormente agitado (a)
seguro (a) de sí	19	poco seguro (a) de sí
flexible	20	rígido (a)
se siente mal	21	se siente bien
fatigado (a)	22	reposado (a)
indeciso (a)	23	decidido (a)
tranquilo (a)	24	inquieto (a)
sin bríos	25	lleno (a) de bríos
inútil	26	indispensable
pesado (a)	27	vital
superior	28	inferior
sereno (a)	29	agresivo (a)
con ideas suicidas	30	sin ideas negras

Cada marca en la primera columna para los puntos 2-5-6-9-11-14-15-17-21-22-23-25-26-27 y 30 vale un punto.

Cada marca en la segunda columna para los puntos 1-3-4-7-8-10-12-13-16-18-19-20-24-28 y 29 vale un punto.

Sume el total de puntos y si obtiene:

A. entre 10 y 20 puntos: es solo una tristeza pasajera;

B. entre 20 y 25 puntos: sufre una verdadera tristeza que no se puede descuidar. Intente olvidarla hablando de ella y buscando consuelo;

C. más de 25 puntos: se trata de una depresión, quizás la primera fase de una depresión que puede ser severa. Es conveniente consultar al médico.

En este último caso, sume también el total de letras que corresponden a los puntos que marcó en las dos columnas. No cuente las letras correspondientes a los puntos marcados que no tienen valor (por ejemplo, la columna 1 para el punto 1 = 0).

Utilice el siguiente cuadro para la suma:

1.T	11.T	21.P
2.R	12.A	22.R
3.T	13.T	23.R
4.T	14.R	24.A
5.P	15.P	25.R
6.R	16.A	26.P
7.T	17.P	27.R
8.A	18.A	28.T
9.A	19.A	29.P
10.R	20.R	30.P

Seguidamente, repártalas en el siguiente diagrama, sobre los ejes marcados de 1 a 10:

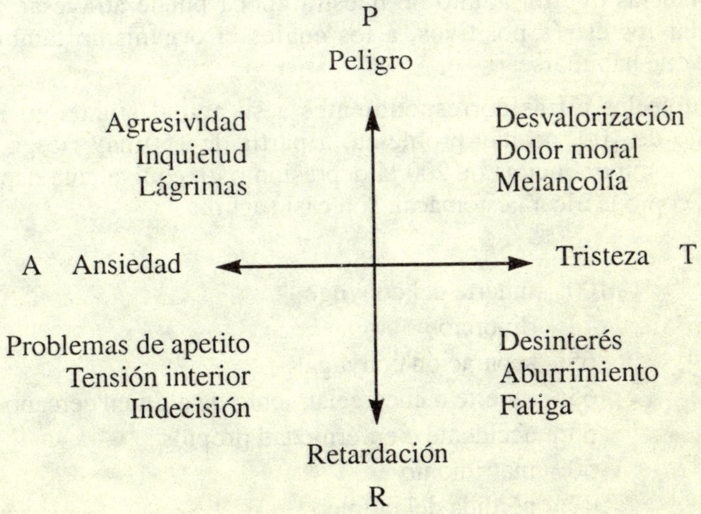

Una con una línea los puntos marcados y rellene la figura.

Si la figura se sitúa principalmente por encima del eje horizontal, atención: la depresión nerviosa está próxima, tanto más severa cuanto más a la izquierda se ubique la figura.

Si la figura se sitúa principalmente hacia abajo, necesita un psicotónico.

Si predomina a la derecha, le hará bien una corta psicoterapia.

Si la figura tiene forma de estrella y está situada en el centro de las coordenadas, sólo se trata de un momento de depresión, sin gravedad, pero que no hay que descuidar. Le convendría visitar al médico, aunque fuera para hablarle de sus problemas actuales.

La señal de alerta del estrés

El estrés forma parte del diario vivir y nuestro organismo está diseñado para adaptarse a él. Pero la acumulación de estrés debida al ritmo moderno puede conducir a una "sobrecarga" psicológica que "hace tambalear" y tiene como resultado una depresión reactiva. Existe una escala de estrés, de origen norteamericano, que permite evaluar el nivel de riesgo. En ella están consignadas las circunstancias que un adulto de nuestra época puede atravesar, sin olvidar los estrés positivos, a los cuales el organismo también tiene que habituarse.

Sume las cifras correspondientes a su actual situación. Por debajo de 100, no hay problema; a partir de 150 hay riesgo de depresión; por encima de 200 la depresión o un equivalente depresivo, como la úlcera estomacal, son casi seguros.

100: muerte del cónyuge
73: divorcio
65: separación conyugal
65: muerte o encarcelamiento de alguien cercano
53: accidente o enfermedad propios
50: matrimonio
47: pérdida del empleo

45: reconciliación conyugal
jubilación
44: trastornos de salud de un allegado
40: embarazo
39: problemas sexuales
nacimiento del hijo
problemas personales
readaptación profesional
38: modificación de los ingresos
37: muerte de un amigo
36: cambio de trabajo
disputas conyugales
34: deuda considerable
29: aumento de responsabilidades profesionales
partida de un hijo
dificultades con los suegros
28: gran éxito personal
ingreso al trabajo o retiro del cónyuge
25: comienzo o final de la escolaridad
23: disgusto con el jefe
20: mudanza
cambios en las condiciones de trabajo
18: cambio de hábitos alimenticios o de sueño
17: deuda no muy grande
13: vacaciones
11: multa - contravención

Evalúe usted mismo su propia depresión

En 1984, dos investigadores franceses, el doctor Ferreri y el doctor Ruffin, propusieron un nuevo método de evaluación de los estados depresivos. El diagrama que diseñaron tiene tres ventajas: su empleo fácil y rápido; evita una compleja clasificación; permite hacer un seguimiento de la evolución de los síntomas.

El principio es muy simple: se trata de transformar los signos médicos en una forma geométrica, es decir, en un diagrama cuya forma permite visualizar la enfermedad. El diagrama se denominó HARD (en español, HARP) por referencia a los cuatro aspectos que el médico debe tener en cuenta al tratar a un deprimido:

el primer aspecto tiene que ver con los trastornos del humor: H, mide la intensidad de la tristeza, de la falta de interés y de la falta de apetito;

el segundo es la retardación o inhibición psicomotriz: R, evalúa el cansancio, la disminución de la concentración y la actitud general;

la tercera evaluación consiste en medir la ansiedad: A, bien sea ansiedad psicológica, problemas físicos de angustia o trastornos del sueño. Cuanto más alto sea el índice A de una depresión, mayor es el riesgo de suicidio;

la cuarta evaluación: P, mide el riesgo de suicidio de la depresión, gracias al reconocimiento de las ideas suicidas, de las ideas delirantes y de la propia desvalorización del enfermo.

A partir de estas cuatro evaluaciones se definen los cuatro polos H, A, R, P, compuestos, cada uno, de tres criterios:

* H (humor): tristeza, desinterés, falta de apetito;

* A (ansiedad): ansiedad psicológica, física, trastornos del sueño;

* R (retardación): cansancio, concentración, actitud general;

* P (peligro): ideas suicidas, desvalorización, ideas delirantes.

Cada uno de los criterios tiene un valor de 1 a 6. Bastaría sumar los valores, pero si se llevan al diagrama se obtiene el perfil de la persona:

H	arriba a la izquierda
A	abajo a la derecha
R	arriba a la derecha
P	abajo a la izquierda

En la primera forma, sumando los valores de H + A + R + P, de 0 a 6, se obtiene una cifra.

Si esta es superior a 20, la persona es, sin duda alguna, depresiva.

Entre 20 y 34,	se trata de una depresión moderada.
Entre 35 y 49,	se trata de una depresión mediana.
Entre 50 y 72,	se trata de una depresión severa.

Pero la forma del diagrama también revela el tipo de depresión. Las formas que puede tomar son las siguientes:

Tipo I:	ansiodepresión
Tipo II:	retardodepresión
Tipo III:	ansioretardación

También hay formas en las cuales solo predomina un signo: son las depresiones enmascaradas.

Se distinguen dos tipos:

forma asténica
forma ansiosomática

Por otra parte, como los criterios de ansiedad (A) y de peligro (P) están situados en la parte baja del diagrama, cuanto más signos haya hacia estos polos más necesario será vigilar al paciente.

Y cuando los índices R (retardación) son superiores a los índices A (ansiedad), el tratamiento antidepresivo deberá ser psicotónico; mientras que cuando los índices A son superiores a los índices R se necesita un antidepresivo sedante.

Al visualizar una enfermedad depresiva, el diagrama HARP de los Doctores Ferreri y Ruffin facilita la tarea del terapeuta. Además, puede ser computarizado y utilizado vía telemática, lo cual permite valorar fácilmente una depresión e indicar qué hacer con un deprimido.

Reconozca su depresión

Hemos visto que lo más importante para tratar una depresión es reconocerla lo más pronto posible. Por eso, la Asociación americana de psiquiatría estableció una clasificación de los trastornos mentales conocida como el DSM III (*Diagnostic and Statistical Manual,* tercera edición). Según esta clasificación, existen 45 criterios de depresión, los cuales deben reunirse para poder hacer un diagnóstico.

A. Humor triste o pérdida de interés o de placer para todas o casi todas las actividades y pasatiempos habituales. El sujeto se encuentra "deprimido, triste, melancólico, no tiene esperanzas, no sabe qué hacer, está irritable" y este cambio de humor es permanente.

B. Por lo menos cuatro de los siguientes signos se han manifestado casi diariamente por lo menos durante dos semanas:

1.	falta de apetito y enflaquecimiento,	o bulimia y aumento de peso;
2.	insomnio	o necesidad irresistible de dormir;
3.	retardación de ideas y movimientos ;	o agitación sin causa alguna
4.	pérdida de interés disminución de la libido	o de gusto por las actividades habituales
5.	fatiga, falta de energía;	
6.	sentimiento de indignidad, de culpabilidad y de autoacusación;	
7.	dificultad para pensar y concentrarse, lentitud para pensar;	
8.	ideas obsesivas de muerte, de suicidio, deseo de morir.	

C. Antes de que se produzcan los trastornos A y B, ninguno de los siguientes aspectos debe haberse presentado:

— idea delirante o alucinación;

— comportamiento extraño.

D. A y B no se sobreponen a una esquizofrenia o a una paranoia.

E. A y B no tienen causa orgánica, por ejemplo un tumor cerebral, ni son ocasionados por un duelo.

Si usted reúne estos signos, es hora de acudir al médico porque se encuentra en plena depresión. Afortunadamente, otros signos de alarma permiten diagnosticar la depresión benigna antes de que se instale de verdad.

Por ejemplo, si

— se siente fatigado sin razón desde hace algún tiempo;

— tiene dolores diversos, palpitaciones;

— no tiene apetito y prefiere comer a deshoras en lugar de hacerlo en forma adecuada;

— no se siente orgulloso de sí mismo ni de su trabajo;

— le resulta difícil reflexionar y concentrarse;

— se encuentra cansado por la mañana y se siente bien al final de la tarde;

— hay disminución de la libido;

— se despierta por la noche y no puede volver a dormirse;

— ha perdido interés por sus pasatiempos acostumbrados.

Si se siente así, ¡atención a la predepresión! Sobre todo si pertenece a un grupo de los llamados de riesgo: solteros, mujeres mayores de treinta años, hijos de padres que hayan sufrido depresiones, los que tienen complicaciones familiares o profesionales. En estos casos, es preciso consultar de inmediato.

¿A QUIEN CONSULTAR?

La primera pregunta que se plantea un deprimido es: "¿Qué me está pasando?". Solo más tarde se le ocurre pensar: "¿Quién puede ayudarme a salir de esto?".

La respuesta a estas dos preguntas no la ofrece necesariamente la misma persona. La primera puede darla un especialista: psicólogo, médico de familia o psiquiatra. Un especialista puede diagnosticar una depresión sin confundirla con una crisis de angustia o un vacío existencial transitorio, así como identificar algunas de las causas.

Pero una vez diagnosticada, necesita, simultáneamente, tratamiento médico y psicoterapia de apoyo. La palabra psicoterapia parece exagerada y sería más conveniente hablar de terapia de consuelo. En efecto, el deprimido necesita ser escuchado y sentirse moralmente apoyado y comprendido, para lo cual no necesita un médico. Un religioso para los deprimidos creyentes, un amigo, un miembro de familia con más experiencia, puede ser suficiente. Lo que importa es que no tenga prejuicios, que reconozca la depresión como enfermedad y que esté atento a la necesidad que experimenta el deprimido de confiarse, de abrirse hacia alguien que lo comprenda.

¿COMO SALIR DE LA DEPRESION?

Los medicamentos clásicos contra la depresión

Los médicos conocían la "bilis negra", melancolía o depresión desde hace muchos siglos, pero los remedios eran empíricos.

El tratamiento médico se inició en el siglo pasado con el empleo de opio y láudano para aliviar el dolor moral de los deprimidos.

Poco antes de la Segunda guerra mundial se produjo la revolución de los electrochoques o sismoterapia: el italiano Cerlutti utilizó esta terapia psiquiátrica como primer tratamiento eficaz contra la depresión.

Nuevos descubrimientos, en 1957, contribuyeron a la revolución de la medicación psiquiátrica: la imipramina, primer antidepresivo "tricíclico", y la iprionazida, originalmente una droga contra la tuberculosis y el primero de los famosos IMAO (inhibidores de la monoaminooxidasa).

Los antidepresivos tricíclicos

¿Qué es un antidepresivo?

La pregunta merece plantearse ya que tanto el hombre de la calle como los médicos necesitan una adecuada información. Una razón es el temor a este tipo de medicamentos que, incluso por su nombre, hacen directa referencia, a un tipo de enfermedad que atemoriza. Pues no solo la depresión asusta y la locura aterra: también su tratamiento. Otra razón es que el desarrollo acelerado de las investigaciones ha trastornado los datos y clasificaciones clásicas de las cuales eran objeto.

Actualmente, para responder a la pregunta: "¿Qué es un antidepresivo?", hace falta recurrir a una noción de tipo semántico más que médico.

Un antidepresivo es un medicamento destinado a combatir un estado patológico denominado "depresión".

¿Cuál es la característica de este estado? Un sentimiento intenso de sufrimiento moral llamado tristeza, con todas sus consecuencias: hastío de la vida, incapacidad para vivir y trastornos físicos asociados.

En su esencia misma, los antidepresivos son medicamentos "antiálgicos para el dolor del alma": drogas antitristeza. Pero no hay que olvidar que esta acción no resume todas sus propiedades, que algunas veces resultan sorprendentes. Después de esta revolución de los medicamentos, otros productos han hecho su aparición. Hoy es posible afirmar que el arsenal terapéutico es suficientemente amplio como para poder ofrecer el tratamiento adecuado a cada tipo de depresión. A continuación se intenta clasificar los antidepresivos según su modo de acción.

Los antidepresivos tricíclicos, cuya propiedad esencial pero no única, es combatir el estado de tristeza patológica propia de la depresión, se llaman así porque su núcleo químico está compuesto de tres ciclos. Todos son derivados del primer antidepresivo tricíclico, el Tofranil® o imipramina. Es el grupo de antidepresivos más numeroso (hay más de 100). Antes de conocer algunos detalles conviene abordar su forma de acción.

En primer lugar, los tricíclicos "levantan" el estado de ánimo. Por eso son el tratamiento curativo de la enfermedad depresiva. En líneas generales, éste es su gran valor. En más de las dos terceras partes de los casos tratados, resultan eficaces.

Todos necesitan dos o tres semanas, como mínimo, para empezar a actuar sobre el núcleo de tristeza de la depresión. Sería iluso e incluso peligroso esperar alguna mejoría antes.

Al lado de esta acción antidepresiva llamada timoléptica, algunos tricíclicos ofrecen acciones paralelas benéficas que se dejan sentir antes.

Por ejemplo, tienen efecto:

— estimulante, los tricíclicos desinhibidores (desipramina o Pertofran®, Survector®, Kinupril®);
— anti-ansiedad: los tricíclicos sedantes o ansiolíticos (amitriptilina o Laroxil-Elavil®, doxepina o Quitaxon-Sinequan®, trimipramina o Surmontil®, Tradozene® o Pragmazone®).

Otros tricíclicos se ubican en esta gama que va de los ansiolíticos a los estimulantes o psicomotores, con efectos más estimulantes o sedantes según el paciente. De ahí las diversas reacciones a la imipramina (Tofranil®), la clorimipramina (Anafranil®), la maprotilina (Ludiomil ®), la viloxazina (Vivalan®) o la mianserina (Athymil®).

Es preciso hablar de los efectos secundarios de los antidepresivos tricíclicos. Aunque son, en general, moderados y pasajeros, algunas veces es preciso suspender el tratamiento cuando la dosis no resulta adecuada para el paciente o no se administra una droga contra el efecto secundario.

¿Qué puede pasar?

— temblor en los dedos y en los labios que puede ser controlado con antiparkinsonianos, Atrium® o beta-bloqueadores;
— estreñimiento que se corrige bebiendo un poco más de agua que de costumbre o tomando mucílagos dulces (como miel);
— baja de la tensión arterial estando de pie o hipotensión ortostática, que es causa de malestares, vértigos, luces, fatiga, palpitaciones, y que se corrige mediante administración de "vaso-rreguladores" o vasopresores como el Heptamyl® o la Dihydroergotamina®;
— sequedad en la boca que se corrige bebiendo frecuentemente agua;
— trastornos urinarios en las personas de edad.

Lo que más incomoda es:

— la fatiga y la somnolencia producidas por los tricíclicos sedantes. Pero estos desaparecen cuando el organismo se acostumbra a ellos;
— el insomnio y la agitación producidas por los tricíclicos estimulantes: Sin embargo basta tomar algún tranquilizante para que desaparezcan.

Es importante saber que los tranquilizantes son siempre el tratamiento complementario de un tratamiento antidepresivo. La depresión implica una inhibición que es eliminada por los antidepresivos, evitando riesgo de suicidio. Este peligro disminuye gracias a los tranquilizantes, pero nunca se debe desconocer, ya que "el corazón tiene razones que la razón no conoce".

¿Hay personas a quienes no se debe administrar antidepresivos tricíclicos? Sí. Aquellas que tienen:

— adenoma en la próstata,
— glaucoma (o hipertensión ocular),
— trastornos del ritmo cardiaco.

En general, su empleo es delicado en personas de edad.

Se puede administrar un antidepresivo tricíclico con cualquier otra droga, con excepción de los IMAO. Estos otros antidepresivos, inhibidores de la monoaminooxidasa, no deben formularse al tiempo con un tricíclico, y se debe dejar transcurrir por lo menos quince días después de suspender la administración de un IMAO para iniciar la administración de un tricíclico y viceversa.

¿Cómo se administra un tricíclico?

En las depresiones graves y en caso de hospitalización, los tricíclicos se administran por vía endovenosa o intramuscular. Esto asegura que el medicamento es debidamente administrado y permite al enfermo sentirse atendido y protegido. Pero el efecto no es más rápido que si se administra por vía oral. En este caso la dosificación se inicia con uno o dos comprimidos y se va aumentando gradualmente hasta alcanzar la dosis eficaz, vigilando cuidadosamente la aparición de efectos secundarios.

Una vez lograda esta eficacia, sin trastornos molestos, el tratamiento debe mantenerse entre tres y seis meses. Después de la curación, se disminuye gradualmente la dosis (1 comprimido cada quince días, por ejemplo) con posibilidad de volver a la dosis anterior cuando hay peligro de recaída.

Todo tratamiento antidepresivo requiere atención médica: desde el principio, hay que vigilar los posibles vértigos, palpitaciones, fatiga, insomnio y tensión ansiosa. Si no hay efectos secundarios, es posible aumentar las dosis "clásicas" cuando el tratamiento no resulta eficaz en un término de quince días o reducirlo si los hay. Un antidepresivo tricíclico funciona como un barómetro: el buen tiempo está en el punto medio; por encima, hay peligro de tormentas y trastornos secundarios; por debajo, el tiempo es variable y sin interés (ni eficacia). En todo caso, nunca debe administrarse un antidepresivo en dosis pequeñas, creyendo que se trata de una "pequeña" depresión: una depresión exige siempre un tratamiento eficaz con dosis suficientes.

Una pregunta se plantea tanto para el deprimido como para su médico: ¿el antidepresivo se administra en una o varias dosis? Habitualmente se administra en dos o tres dosis diarias. Ahora bien, los estudios farmacológicos sobre la duración de los medicamentos en el organismo y su concentración en la sangre, han mostrado que una dosis diaria podría ser suficiente. ¿Para qué más dosis? Porque produce cierto placer tener que tomar todo el día las "pildoritas rosadas que dan felicidad". Pero, a la inversa, al multiplicar el número de dosis, aumenta el riesgo de olvidarlas. Entre los dos males hay que escoger el menor y el más práctico.

¿Puede tomarse un antidepresivo como cualquier otro medicamento? No, porque los timolépticos tienen efectos secundarios. El médico tratante debe practicar un examen cuidadoso y solicitar, si juzga necesario, exámenes de sangre para verificar las funciones renales y hepáticas, así como electrocardiograma y, rara vez, electroencefalograma.

Este examen médico puede guiar en ciertos casos al terapeuta hacia un cierto tipo de antidepresivos. Así, una depresión con peligro serio de suicidio puede ser más sensible a los antidepresivos que actúan sobre la serotonina; un síndrome depresivo dominado por la inhibición y la postración puede ser más sensible a un tricíclico que actúa sobre la dopamina o la noradrenalina. Pero la verdad es que resulta imprevisible saber qué le sienta más a un deprimido, excepto en las recaídas, cuando el antidepresivo que tuvo efecto una vez, posiblemente pueda volver a ser eficaz.

Existe otra manera de proceder: consiste en administrar para cada tipo de depresión uno u otro antidepresivo, prestando atención a las razones más que a los signos.

Así, en las depresiones melancólicas ansiosas de la SMD, un antidepresivo ansiolítico (con o sin tranquilizante) puede ser el más indicado. Si el melancólico se encuentra postrado, inhibido, lo más indicado es un psicoestimulante. En personas de edad, fatigadas y sin interés, se recomienda un antidepresivo estimulante; si se encuentra agitada, ansiosa, hipocondriaca, es más conveniente un antidepresivo sedante. Si se trata de una depresión reactiva puede recurrirse a un tricíclico sedante que calme la tristeza y alivie los trastornos del humor.

En líneas generales, a una depresión ansiosa corresponde un antidepresivo tricíclico sedante y a una depresión con inhibición y postración corresponde un antidepresivo estimulante.

Examinemos algunos de estos antidepresivos tricíclicos, teniendo en cuenta tres aspectos:

— no pueden mezclarse con alcohol y se debe tener prudencia con la mujer durante el embarazo y la lactancia;

— se venden con fórmula médica;

— son reembolsados (en un 70%) por la seguridad social.

La siguiente es la lista:

— Altilev® o nortriptilina: comprimidos blancos; antidepresivo estimulante.

— Anafranil® o clorimipramina: grageas azules para el anafranil 10 y amarillas para el anafranil 25; antidepresivo suave, mitad estimulante mitad sedante.

— Concordine® o protriptilina: comprimidos blancos; antidepresivo estimulante.

— Elavil® o amitriptilina: comprimidos azules de 10 mg y amarillos de 25 mg; antidepresivo sedante o ansiolítico.

— Laroxil® o amitriptilina: idéntico al anterior; también existe en gotas.

— Pertofran® o desipramina: grageas anaranjadas; antidepresivo psicoestimulante.

— Prothiaden®: cápsulas rojas; psicoestimulante.

— Quitaxon® o sinequan® o doxepina: comprimidos blancos o cápsulas rosadas; antidepresivo sedante.

— Surmontil® o trimipramina: comprimidos blancos o en gotas; antidepresivo ansiolítico.

— Tofranil® o imipramina: comprimidos rosados; es el antidepresivo más antiguo, muy activo, más bien psicoestimulante, produce molestias de sueño, por lo cual no debe administrarse en la noche.

Vivalan 100® o viloxazina: comprimidos amarillos; antidepresivo mitad estimulante, mitad psicotónico.

Los "nuevos" antidepresivos

Hace unos diez años aparecieron en el mercado numerosos antidepresivos diferentes de los tricíclicos clásicos. Con ellos se pretendía disminuir los efectos secundarios y, algunas veces, actuar más rápidamente. Además, estos nuevos productos parecen ser menos peligrosos que los otros en caso de intoxicación (voluntaria o involuntaria).

Los derivados de los tricíclicos

— Ludiomil® o maprotilina: comprimidos beige y en gotas; antidepresivo mixto: psicoestimulante y, sobre todo, sedante.

— Survector® o amineptina: aumenta la concentración de dopamina a nivel cerebral, por lo que se denomina agonista dopaminérgico; antidepresivo estimulante, actúa eficazmente en las depresiones con postración.

— Timaxel® o metapramina y Deparon® o demexiptilina: antidepresivos psicoestimulantes: son generalmente bien tolerados pero necesitan dosis bastante altas.

Los no derivados de los tricíclicos

— Athymil® o mianserina: actúa sobre la noradrenalina, aumentando su velocidad de renovación; antidepresivo de efecto sedante.

— Alival® o nomifensina: inhibe la captación de dopamina, es decir, aumenta la concentración de dopamina en las sinapsis nerviosas del sistema límbico o cerebro del comportamiento; antidepresivo estimulante; bien tolerado.

— Vivalan® o viloxazina: antidepresivo estimulante.

— Pragmazona® o trazodona, bien tolerado, tiene efecto ansiolítico más que psicoestimulante.

Se ve, pues, la abundancia de nuevos medicamentos contra la depresión nerviosa, sobre todo después de que se conocen mejor su receptores cerebrales y la acción de las neurohormonas. ¿Estamos cerca del antidepresivo ideal? Ciertamente, no, pero se están empleando antidepresivos más eficaces, más adecuados para cada tipo de depresión y sin efectos secundarios.

Los IMAO

Los IMAO o inhibidores de la monoaminooxidasa se caracterizan porque son antidepresivos poderosos, pero también son sustancias muy difíciles y peligrosas de manejar. De hecho han sido menos utilizados en Francia que en los países anglosajones Son recomendados para las depresiones resistentes a los antidepresivos tricíclicos y para ciertas formas de "fatiga depresiva".

Están contraindicados en casos de insuficiencia hepática, renal o cardiaca, así como en casos de epilépticos, hipertensos, pacientes con antecedentes de accidente cerebro vascular, intoxicación etílica o toxicomanía.

Se debe advertir al paciente que los IMAO requieren régimen alimenticio estricto: nada de alcohol, nada de quesos fermentados, nada de levadura, ni vísceras, ni productos ahumados, ni plátanos, ni chocolate, pues todos estos alimentos contienen tiramina, incompatible con los IMAO. Además, los IMAO no toleran interacción con ciertas drogas, como la anestesia local, los analgésicos fuertes o los vasoconstrictores -que hacen subir la tensión arterial-, lo cual plantea serios problemas en caso de cirugía urgente. Por eso los IMAO no son aconsejables en la depresión común. Sin embargo, un IMAO que no tiene los inconvenientes de los anteriores ha sido recientemente comercializado. Se trata del Humoryl®.

El litio

Descubierto en 1815, el litio es un mineral que existe en dosis infinitesimales en el organismo. Es un regulador de los estados de ánimo.

Su efecto en las depresiones endógenas unipolares o bipolares fue estudiado en los años 50, ocasionando una nueva revolución en la medicina psiquiátrica al ofrecer una esperanza para esta afección que carecía de una terapia eficaz. Pero el entusiasmo fue tal que, sobre todo en Estados Unidos, se usó sin discernimiento y con exceso, produciendo accidentes graves y hasta fatales.

Diez años después se volvió a utilizar el litio, esta vez con prudencia, vigilando los valores sanguíneos y después de un examen cardiaco y renal del paciente.

La concentración sanguínea de litio o litemia, se sitúa normalmente entre 0.5 y 1.10 miliequivalente por litro. Por debajo de estos valores, carece de efecto terapéutico; por encima, presenta riesgos de sobredosis.

> Conviene anotar que una persona que toma litio no debe seguir, bajo ningún pretexto, un régimen sin sal: el litio y la sal entran en competencia y los valores del litio se acumulan peligrosamente.

El litio tiene la gran ventaja de ser un medicamento preventivo: no cura la depresión, impide que se presente. De ahí el interés que ofrece para la forma grave de enfermedad depresiva: la psicosis maníaco-depresiva. Al impedir los episodios maníacos y las fases depresivas, el litio permite a estas personas llevar una vida normal. Por el contrario, el litio no debe administrarse indicado para otras formas de depresión, como la depresión por agotamiento o la depresión reactiva.

Los antecedentes maniacos o depresivos personales o familiares son el dato más importante para iniciar un tratamiento con litio.

¿Es perfecto el litio? Ciertamente, no. Es eficaz en el 70% de los casos y su administración acarrea pequeños inconvenientes: aumento moderado de peso, temblor en los dedos, sequedad en la boca.

El litio no es un tratamiento milagroso, pero ofrece esperanza para el tratamiento de la enfermedad depresiva severa. Por otra parte, los avances técnicos han disminuido su peligrosidad. Si su médico aconseja el litio, siga su parecer: está protegiendo su futuro.

Los tranquilizantes

Los tranquilizantes son indispensables para curar una depresión. No son medicamentos propiamente antidepresivos pero actúan conjuntamente con ellos.

Su acción es triple:

Calmar rápidamente los grandes signos dolorosos, como la angustia, los trastornos sexuales y de apetito, etc.

Devolver lo más pronto posible la posibilidad de dormir, sin pesadillas, sin despertarse antes de tiempo. Todo lo cual ayuda a que desaparezca más fácilmente la fatiga depresiva.

Evitar que los antidepresivos que "suprimen las inhibiciones" puedan anular la inhibición vital que facilita el paso al acto suicida.

La mayoría de los tranquilizantes pertenecen al grupo de las benzodiazepinas. Otros pertenecen al grupo de los neurolépticos ligeros, sedantes que actúan de una manera más lenta y durable.

Los electrochoques

Este tratamiento, muy cuestionado en los países donde la antipsiquiatría tiene seguidores, ha sido revaluado en los últimos tiempos.

La electroconvulsivoterapia, electronarcosis o electrochoques se emplea hace más de 50 años. El principio consiste en provocar una crisis epiléptica mediante el paso de una corriente alterna de 200 voltios con una intensidad de 100 miliamperios durante 1/10 de segundo por segundo.

Antiguamente se aplicaban los choques eléctricos a los pacientes estando conscientes. ¿Quién no vio *Atrapados sin salida* (título en francés: *Vol au-dessus d'un nid de coucous)?* Afortunadamente hoy se practica con anestesia general y respiración artificial. La corriente se aplica mediante electrodos aplicados en las sienes. En general, para curar una depresión severa son necesarias dos o tres sesiones por semana, durante un mínimo de cinco y un promedio de ocho semanas.

Para las depresiones de tipo melancólico, ansiosas o confusas, es aconsejable la aplicación de electrochoques. Otras enfermedades, como la manía o la esquizofrenia, también pueden ser tratadas de esta manera.

Los electrochoques están contraindicados en mujeres embarazadas; en personas que han sufrido accidentes cerebrovasculares, epilepsia, afecciones cardiovasculares y respiratorias; que toman drogas anticoagulantes, antidepresivas y neurolépticas.

Se desconoce el mecanismo exacto de acción de los electrochoques. Actúa sobre la casi totalidad de los neuromediadores y se piensa que hace más sensibles los receptores a la adrenalina y a la dopamina, sustancias que actúan en la regulación de los estados de ánimo, y que facilita la secreción de las endorfinas o morfinas naturales del cerebro.

Los electrochoques podrían ocasionar una muerte de cada diez mil pacientes, así como trastornos de memoria y confusión mental. Pero es un tratamiento más eficaz que los antidepresivos clásicos en los casos de depresiones graves y se pueden remplazar cuando resultan ineficaces.

La homeopatía

La homeopatía ocupa el primer lugar entre las medicinas llamadas "naturales" por unos y "paralelas" por otros. Se basa en el principio formulado por el físico Hahnemann en 1976: "Para curar ciertas afecciones crónicas, hay que buscar remedios que produzcan una enfermedad análoga". Es la ley de los semejantes: los semejantes son curados por los semejantes o *similia similibus curantur.*

Se trata, pues, de utilizar en dosis mínimas las mismas sustancias que en mayores cantidades producirían síntomas parecidos a los que se trata de combatir.

La homeopatía considera el organismo humano como una entidad inseparable del universo en el cual vive y se mueve. Esta visión se asemeja al enfoque psiquiátrico de la enfermedad mental, inseparable del mundo en que se encuentra el enfermo.

La homeopatía puede ser muy útil en casos de depresión, pero no para casos severos sino para sus comienzos o predepresión.

El tratamiento homeopático varía según las causas y los síntomas de la predepresión.

Teniendo en cuenta las causas:

* por duelo o pena: Ignatia;
* por contrariedades profesionales: Lycopodium;
* después de un choque afectivo: Natrum muriaticum;
* por los "blues" del postparto: Sepia;
* por exceso de trabajo (surmenage): Kalium phosphoricum.

Teniendo en cuenta los síntomas:

* ansiedad y tristeza: Arsenicum album;
* ideas suicidas, sentimiento de culpa: Aurum metallicum;
* indiferencia generalizada: Phosphoricum acidum;
* retardación intelectual: Kalium phosphoricum;
* sed y falta de apetito: Natrum muriaticum;

Todos estos remedios homeopáticos son administrados tres veces al día, en solución 9 CH (Centesimal de Hahnemann).

La acupuntura

En 1930, el cónsul de Francia en Pekín, Soulié de Morant, introdujo en Francia la acupuntura. Considerada como una medicina paralela ya que carece del respaldo que ofrecen las facultades de medicina.

Sin embargo, un acupunturista es un médico que debe hacer tres años de especialización para recibir su diploma.

La acupuntura se basa en el principio del equilibrio de dos energías en el organismo humano: el *yin,* energía femenina nocturna, constituida de dulzura; y el *yang,* energía masculina, proveniente del sol y compuesta de fuerza.

Estas dos energías recorren el cuerpo humano a lo largo de dos grandes vías, los ejes, y de otras más pequeñas que son los meridianos. La situación de ejes y meridianos, conocida por la medicina china hace más de 2000 años, ha sido confirmada recientemente mediante inyección de sustancias radiactivas en los puntos de acupuntura. Es probable que la acupuntura no solamente actúe en los puntos produciendo un mecanismo reflejo sino que también estimule la secreción de sustancias benéficas para el estado de ánimo: las endorfinas o morfinas del cerebro que el sistema límbico, centro de los afectos, utiliza para producir bienestar.

Los puntos de acupuntura que se utilizan en los casos de depresión, son tres:

— el punto maestro, situado en el vértice del cráneo en el punto medio entre las orejas, calma la tristeza;

— la zona entre el ombligo y el extremo del esternón, calma la ansiedad;

— los puntos situados a lo largo de los pliegues horizontales del puño del lado de la palma de la mano, relajan y devuelven el tono muscular [*tonus*].

La acupuntura no basta para curar una depresión. Puede ser ocasión para que el acupunturista intente un acercamiento y una terapia de apoyo. En casos de pena, tristeza o predepresión, es útil la acupuntura ya que abre la posibilidad para tratamientos más complejos y con medicamentos.

Comer para curar la depresión

Un síntoma de la ansiedad que acompaña la depresión es la falta de apetito y el consiguiente enflaquecimiento.

Sin embargo, muchos reaccionan al contrario y aunque sufran una simple tristeza o predepresión, se exceden en la comida. Tres razones explican esta conducta alimenticia.

Comer es uno de los comportamientos humanos más primitivos y más infantiles. Es, pues, una regresión hacia la infancia, a la época en que somos consentidos, consolados, protegidos, rodeados, acariciados, en una palabra, cuando recibimos, a través de nuestro cuerpo, el testimonio de lo que más necesitamos en el mundo: amor. Esto ocurre en un momento de desarrollo psicológico del niño conocido como la fase oral, cuando el placer está focalizado en la boca, los labios, la lengua. Cualquier estrés o cualquier carencia, particularmente el deseo instintivo más profundo, el hambre, encuentra respuesta en el gesto maternal que ofrece placer al bebé a través de la boca. Esta experiencia la revivimos cuando después de un fracaso de amor o de una pena, comemos golosinas, buscando siempre el primer sabor que descubrimos de niños: el dulce. Al hacerlo nos sentimos seguros. Y cuanto más estresados nos sentimos, más buscamos la dulzura de la infancia. No importa la calidad culinaria, ni el apetito, ni las calorías. Lo que cuenta es la seguridad y el bienestar que experimentábamos de niños. Este reflejo lo conservamos los adultos cuando los "blues" se apoderan de nosotros y nos sentimos solos: dulces a cambio de lágrimas parece ser un cambio equitativo.

Pero cuando buscamos calmar la angustia en la comida, no escogemos cualquier alimento. ¿Por qué, después de una pena, sentimos la necesidad de comer una chocolatina? Por dos razones. La primera es que el chocolate, sobre todo el chocolate amargo, es fácil de comer: o de chupar, lo cual regresa al placer infantil a través de la boca. Pero también porque el chocolate, por una extraña coincidencia, es rico en magnesio, elemento que equilibra el sistema nervioso, y contiene dos aminoácidos precursores de las neurohormonas indispensables para el equilibrio psicológico: la fenilalanina y el triptófano. Este último produce un neuromediador utilizado y secretado por el cerebro de las emociones: la serotonina. En los deprimidos se manifiesta una baja de serotonina y los antidepresivos la aumentan. Este neuromediador ayuda a regular los trastornos del humor, los problemas de sueño y los comportamientos mórbidos. ¿Se puede decir que el chocolate es un antidepresivo como muchos creen? Ciertamente que no, pero sus efectos, aparte de una posibilidad de "empacho", no se pueden desconocer.

Dormir para curar la depresión

La depresión perturba el ritmo general del organismo y ocasiona trastornos en la glándula epífisis que por ser la reguladora de los ritmos orgánicos se denomina el "reloj cerebral".

Entre las perturbaciones que provoca una alteración de la epífisis, los más notorios y los que primero aparecen son los trastornos de sueño. Son constantes en la depresión y se caracterizan por sueño agitado, pesadillas, dificultad para quedarse dormido al acostarse, insomnio al amanecer, despertar en la madrugada sin posibilidad de volver a conciliar el sueño.

Experiencias realizadas en los laboratorios sobre el sueño han mostrado en el electroencefalograma que durante un periodo de depresión es frecuente despertarse y el sueño es de mala calidad. Además el sueño profundo tiene menos duración y el sueño paradoxal en el que se producen los sueños, —indispensable tanto para la memoria como para el equilibrio psicológico— aparece antes de lo acostumbrado, esto es al principio de la noche.

El desarreglo del reloj cerebral adelanta los ritmos cerebrales (sueño paradoxal y despertar, ambos, antes de tiempo), lo cual conlleva un aumento de la secreción de cortisol, la hormona del estrés, y una disminución en la eliminación de serotonina y dopamina, las hormonas responsables del humor.

También se produce una inversión de las temperaturas normales: el cuerpo se encuentra más caliente al amanecer que al anochecer, que es cuando se presenta el insomnio y el sentimiento de tristeza aumenta.

Muchos tratamientos se han propuesto para aliviar los trastornos de sueño de los deprimidos. Suprimir el sueño (agripnia) mejora el ánimo pero su efecto es temporal. Modificar la hora de acostarse, adelantándola más de doce horas, puede dar buenos resultados. Otro método, practicado en una clínica del sueño, consiste en despertar durante una semana al paciente cada vez que empieza a soñar, cuando de nuevo puede dormir normalmente las fases de sueño paradoxal se han multiplicado, ejerciendo una acción eficaz sobre el humor y la angustia. Una última técnica consiste en restablecer el reloj biológico mediante sedantes del tipo de los tranquilizantes:

— "Starters", que hacen dormir rápidamente;

— hipnógenos suaves, que devuelven el sueño tranquilo con sueño paradoxal normal;

— somníferos del tipo de los neurolépticos suaves, que alivian la angustia y permiten quedarse dormido pronto sin que se produzcan sueños antes de tiempo.

En fin, cualquiera que sea el método, la recuperación del sueño constituye un factor indispensable y prioritario para la curación de la depresión.

Hablar para curar la depresión

> Se conoce un método para dar masajes al cerebro. Solo hace falta cambiar de idea: remontarse de los efectos a las causas, lo cual es un medio seguro de espantar los pensamientos negros.
>
> **Alain, *Propos sur le bonheur***

Hablar cuando se está deprimido es mucho más que una simple terapia. Es un verdadero salvavidas del cual poderse agarrar para no ahogarse en la depresión. Constituye una liberación poder decir lo que se siente, expresar lo que hace sufrir. Pero, ¿por qué esta liberación resulta a veces tan difícil? Porque el deprimido se encierra en sí mismo como mecanismo de defensa contra quienes él cree que lo "agreden" en su soledad y aislamiento del mundo exterior; porque cuando habla no se siente escuchado ni comprendido: "Tienen orejas pero no oyen".

Muchas veces cuando prestamos atención a un deprimido lo hacemos en forma distraída, con desagrado, indiferencia, reticencia u hostilidad. Encontrar alguien ajeno al problema o a la causa de la depresión que escuche al deprimido representa una ayuda maravillosa. Puede ser un amigo, un conocido. Pero la ayuda más eficaz es la del terapeuta, habituado a este tipo de relación y que sabe, además de escuchar, dar respuestas oportunas.

Estos diálogos no están hechos únicamente de palabras. El lenguaje de las palabras no es el único medio de comunicación. También hay que "escuchar" la angustia que disimulan unos dedos jugando con la argolla de matrimonio; las lágrimas que aparecen al pronunciar ciertas palabras; los silencios que acompañan el discurso del deprimido; la mirada huidiza, vaga, cansada de quien sufre; los labios apretados y resecos, la respiración alterada; la actitud corporal de acercamiento o alejamiento, si permanece inmóvil o si busca apoyo en los brazos de la silla.

Esta comunicación no verbal es tan importante como las palabras para el que sabe ver y quiere ver. Por eso es importante que el deprimido no se confíe a cualquier persona. La buena voluntad no remplaza, a no ser por unos momentos, el saber: saber hacer, saber decir, saber escuchar.

El tiempo necesario para salir de una depresión

Muchos deprimidos se preguntan desde el principio de su enfermedad: ¿cuándo voy a salir de esto? Este afán es, incluso, motivo de fracaso de los tratamientos antidepresivos: apenas se sienten un poco mejor, los pacientes suspenden los medicamentos y recaen. Cualquiera que sea la enfermedad, todos queremos curarnos pronto. Pero es preciso respetar los procesos normales de la naturaleza. Una depresión, sin tratamiento, se cura más o menos completamente en unos seis a ocho meses. Este tiempo, entretejido de momentos terriblemente difíciles y de sentimientos permanentemente trastornados, deja una huella indeleble en la vida de quien ha vivido una depresión.

Gracias a los nuevos antidepresivos y a los tranquilizantes, una depresión diagnosticada a tiempo es más corta y tolerable.

Es un hecho que la depresión se puede acortar mediante medicamentos. En lugar de durar de seis a ocho meses, sin tratamiento, debidamente tratada, se cura en tres o cuatro meses, a veces menos, tanto menos cuanto antes se haya iniciado su tratamiento. Pero la acción más importante de estas drogas consiste en hacer de una afección insoportable una pena moral tolerable.

Los tranquilizantes juegan un importante papel, ya que actúan desde el primer momento, en espera de que los antidepresivos comiencen a hacer efecto a partir del día 12 o 15 (sería iluso pensar en que actuaran antes), devolviendo poco a poco al deprimido un humor agradable, un sueño tranquilo y un progresivo interés por lo que ocurre a su alrededor.

Al cabo de dos meses, la mejoría se estabiliza y se alcanza el periodo de “consolidación”. Este momento es crítico, ya que tanto el terapeuta como el paciente experimentan la tentación de disminuir las dosis de los medicamentos. Quizás esto puede hacerse con los tranquilizantes, pero es prematuro para los antidepresivos, los cuales pueden empezar a disminuirse después del cuarto mes, vigilando atentamente cualquier signo de recaída, como tristeza, llanto, sensación de vacío interior, dificultad de concentración. Entonces se aconseja regresar a la dosis anterior. Al cabo de seis meses, normalmente la depresión desaparece, a menos que ocurran acontecimientos que produzcan una recaída. Es costumbre continuar con una dosis pequeña -de apoyo- de antidepresivos por la noche durante uno o dos meses, hasta que la persona se sienta “como antes” o incluso “mejor que antes”.

¿Cuándo hay que hospitalizarse?

La hospitalización es una decisión difícil cuando se trata de una depresión nerviosa. Tres razones explican esta dificultad: algunos servicios siquiátricos son anticuados o no están adaptados a los modernos tratamientos de la enfermedad depresiva; esta enfermedad se considera vergonzosa y es preferible un tratamiento discreto en la casa para no hacer pensar que se está verdaderamente loco; por último, las palabras hospital o pabellón psiquiátrico evocan el dramático encierro de la locura que han mostrado películas como *Atrapados sin salida* (título en francés, *Vol au-dessus d'un nid de coucous*) y las historias de hospitalizaciones arbitrarias.

La hospitalización en un servicio psiquiátrico permite que la depresión sea reconocida y tratada como enfermedad y que el deprimido también sea reconocido y tratado como un “enfermo de verdad”.

Para ciertas formas de depresión la hospitalización es urgente e indispensable. Por ejemplo los casos de melancolía grave, cuando el dolor moral es inmenso. El paciente, que está convencido de su indignidad, de su culpabilidad, de que su enfermedad es incurable y que ve en el suicidio la única salida para su situación, necesita hospitalización por su propia seguridad mientras puede ver las cosas con claridad.

Igualmente es aconsejable la hospitalización en los casos de depresión con gran ansiedad y agitación, pues los trastornos de comportamiento no permiten prever qué va a hacer el enfermo. También cuando hay antecedentes familiares o personales de suicidio, aunque se trate de una depresión moderada.

Pero también la hospitalización puede tener como objeto proteger al enfermo de sus diarias preocupaciones, ubicándolo en un ambiente que le ofrece seguridad.

La hospitalización ayuda al paciente a comprender que su enfermedad es real, que no está "haciendo teatro", que la depresión nerviosa es una verdadera enfermedad y que necesita atención adecuada. También es conveniente para que los allegados puedan enfrentarse a la realidad de la enfermedad y ayuden al deprimido en las visitas que se le permite recibir. Además, tanto la familia como el enfermo pueden "recuperar sus fuerzas".

La hospitalización permite diagnosticar y tratar la enfermedad en forma más eficaz que la consulta externa, ya que el médico psiquiatra está en contacto permanente con el paciente y los problemas quedan por fuera de la institución.

La hospitalización por tratamiento psiquiátrico es corta: normalmente entre dos y cuatro semanas, que es el tiempo necesario para poder observar la eficacia del tratamiento, pero si la evolución es favorable, la duración puede ser menor.

No es fácil tomar la decisión de hospitalizar a una persona deprimida. Generalmente, cuando el paciente rehusa internarse porque no reconoce la gravedad de su estado, el médico solicita a un miembro de la familia que firme una solicitud llamada "voluntaria".

Por fortuna se trata de casos muy raros y lo importante es saber que la hospitalización de un paciente depresivo constituye una medida de protección que le permite recuperar lo más pronto posible su salud normal.

¿Cómo escuchar a un deprimido?

> Todo el mundo conoce la famosa escena en la que a fuerza de decirle a Basilio: "Estás tan pálido que asustas", éste termina creyendo que está enfermo. Moraleja: nunca digas a una persona que tiene mala cara.
>
> **Alain, *Propos sur le bonheur***

Si el paciente encuentra comprensión y guía, se produce un efecto benéfico, desde el primer contacto con el familiar, el médico o el amigo que escogió para confiarse.

Esto es aún más cierto cuando se trata de una consulta psicoterapéutica, bien sea con un especialista o un médico general. La confianza que se establezca entre el médico y el paciente va a ser condición básica del resultado del tratamiento.

Pero la situación es idéntica para cualquiera que tenga que hacerle frente a un deprimido: hay que demostrarle interés y esforzarse por comprenderlo, sin poner límites al tiempo, por lo menos en apariencia. Escuchar bien es tener tiempo para escuchar. A las respuestas no hay que ponerles humor porque el deprimido se encuentra insensible, por lo tanto es inútil tratar de divertirlo o distraerlo. La atención que se le presta tiene que ser seria. Los consejos que espera que se le ofrezcan tienen que ser prudentes. Sobran discursos inútiles, como recomendarle un descanso o unas vacaciones. En cambio es conveniente hacerle comprender que mientras dure su estado es mejor evitar decisiones importantes que impliquen un cambio de vida, como matrimonio, divorcio, mudanza.

No hay que criticar al deprimido, ya sea por las "causas" de su depresión o por las consecuencias profesionales o familiares. Esta costumbre, desgraciadamente frecuente, refuerza en el deprimido el sentimiento de culpa y lo hunde aún más en su enfermedad.

Las terapias del comportamiento

Las terapias llamadas del comportamiento buscan tratar las consecuencias de la depresión, más que su causa. Se concentran, por lo tanto, en los problemas que describe el paciente, concretamente en el "comportamiento problema" preocupándose, por el aquí y el ahora más que por el pasado. Las dos ventajas de esta terapia son su rapidez de acción (menos de seis meses con menos de veinte sesiones) y la facilidad para el paciente.

El reproche que se le ha hecho a la terapia del comportamiento es que ayuda al individuo a vivir con sus problemas pero no suprime la causa.

¿Qué es comportamiento? Son las respuestas a los acontecimientos del mundo exterior, ya sea "abiertas", es decir gestos y palabras, ya sea "cubiertas", esto es, pensamientos, imágenes, emociones y reacciones orgánicas.

El punto de partida del tratamiento del comportamiento es definir el "comportamiento problema" que afecta la propia vida o la de los demás. Terapeuta y paciente deben buscar todos los aspectos, signos, sentimientos, consecuencias, así como lo que el paciente espera del terapeuta: desaparición total o parcial del problema.

Dos tipos de problemas se benefician con la terapia del comportamiento: las "cogniciones" depresivas y las "fobias" depresivas. Una cognición es el conjunto de pensamientos que se producen con relación a una persona o a una situación. Cuando se está deprimido, este juicio es siempre negativo, autocrítico y desvalorizante. Además las reacciones con respecto a los demás suelen ser irracionales. La terapia del comportamiento consiste en escribir todas estas experiencias a medida que se presentan para posteriormente juzgarlas en compañía del terapeuta. Se observa una rápida modificación de los comportamientos depresivos gracias a la utilización racional de las capacidades intelectuales del paciente.

Las depresiones reactivas resistentes a los tratamientos clásicos encuentran mejoría en la terapia del comportamiento. Al verbalizar todos los detalles del duelo o del fracaso, la persona termina por reconocer y aceptar la realidad sin dejarse llevar por una reacción depresiva.

La terapia del comportamiento también trata las fobias. Estas son frecuentes en las depresiones, al acentuar la desvalorización y el encierro en sí mismo del paciente.

El primer ejemplo es la fobia llamada "social", en la que el paciente no quiere tener ningún trato social. La terapia consiste en analizar los comportamientos abiertos (lenguaje, etc.) y cubiertos (reacciones psicosomáticas, etc.) del paciente de cara a otra persona. Es importante reforzar los elementos positivos de la comunicación, como la mirada, que debe ser directa, y modificar los comportamientos inadecuados haciendo con el terapeuta, y únicamente con él, juego de roles. Gracias a un clima de confianza el paciente puede reforzar su propia seguridad y consolidar su propio yo.

Otra fobia frecuente en las depresiones es la agorafobia o miedo a los espacios libres. Es preciso aclarar que en medicina del comportamiento una fobia es un comportamiento adquirido que se puede olvidar cuando se aprende uno nuevo.

Tres técnicas pueden emplearse: la desensibilización sistemática, la "inmersión" y la representación de "modelos".

En la desensibilización sistemática hay que enseñarle al enfermo a no reaccionar con angustia o tristeza a una determinada situación. Para comenzar, aprende una técnica de relajación, después define las situaciones peligrosas y establece una jerarquía. Por ejemplo, salir de su habitación, de su casa, a más de diez metros de su casa, hasta sentirse entre la multitud. El paciente, entonces, mientras está recostado, relajado y sintiéndose seguro en compañía del terapeuta, imagina situaciones ansiógenas cada vez más difíciles, hasta que la relajación venza la angustia. Entonces puede pasar a la realidad, lo cual se logra en el 80 o 90% de los pacientes.

Un segundo método, más rudo pero más rápido, es la "inmersión". El hombre es un animal que se adapta al medio. Se ha demostrado que si se encuentra en una situación psicológica difícil y estresante, la angustia aumenta rápidamente al principio, luego se estabiliza y media hora después empieza a disminuir hasta desaparecer. La técnica de inmersión consiste en introducir real o imaginariamente al paciente en la situación que más miedo le produce, sin utilizar el método de la relajación, hasta que la angustia ceda por completo y en forma definitiva, lo cual toma tres o cuatro sesiones.

La técnica de representación de modelos se basa en el ejemplo. El terapeuta imita o enfrenta la situación que el enfermo considera difícil, escucha sus dificultades, le explica cómo evitarlas y cuál es el comportamiento "adecuado" que le permite hacer frente, él mismo, a la dificultad.

Cualquiera que sea la terapia del comportamiento utilizada, cinco condiciones son necesarias y suficientes para relajarse:
ambiente tranquilo y silencioso,
relajación muscular,
respiración abdominal tranquila,
actitud pasiva, sin estrés ni preocupaciones,
buena concentración, cerrando los ojos y repitiendo sonidos, palabras o frases a manera de letanía.

¿Por qué cree usted que los religiosos que viven en los monasterios no se encuentran estresados sino distensionados?

Las psicoterapias: hay que conocerlas para que resulten benéficas

¿Qué es una psicoterapia? Básicamente, para el paciente es tener alguien que pueda escuchar y para el psicoterapeuta es escuchar el sufrimiento de alguien que busca saber por qué sufre.

Ningún tratamiento medicamentoso remplaza la psicoterapia. Las drogas alivian pero la psicoterapia cura.

¿Quién puede hacerse cargo de una psicoterapia?

Aquellos que tienen el tiempo y la formación necesarias para ayudar al deprimido en forma conveniente y eficaz: el psiquiatra, el psicoanalista, el psicólogo, los que se denominan psicoterapeutas. La escogencia de un psicoterapeuta no puede hacerse al azar, por ejemplo en un directorio. Conviene pedir consejo al médico, quien generalmente los conoce profesionalmente y puede recomendar el más adecuado. Como no existe un título oficial de psicoterapeuta o psicoanalista, hace falta que alguien competente ayude en la elección. El sexo del psicoterapeuta es importante, porque según el propio sexo y los problemas personales se puede confiar mejor en un hombre o en una mujer.

La psicoterapia busca modificar en sentido positivo el funcionamiento mental de la persona que sufre. En la relación con su paciente, el psicoterapeuta debe permanecer neutro y mostrarse benévolo, sobre todo en la depresión.

¿Pero, cuál psicoterapia es aconsejable?

La psicoterapia de apoyo

La psicoterapia de apoyo no pretende modificar profundamente la personalidad del paciente. Busca ayudarle a recuperar su equilibrio psicológico. El psicoterapeuta no juega un papel pasivo y puede intervenir activamente de dos maneras.

La primera es una relación "de ayuda": el psicoterapeuta guía, aconseja a su paciente, que se puede sentir seguro y asumir una actitud infantil, convirtiéndose el psicoterapeuta en una especie de "director de conciencia".

La segunda es una relación "de apoyo", en la que el papel del terapeuta consiste en sacar al paciente del abismo o evitar que caiga, procurando mantenerlo en una situación estable. ¿Por qué medios? Por medio de explicaciones que le dan seguridad, actitudes comprensivas, la verbalización de los conflictos. Al recuperar poco a poco la autoestima y la seguridad en sí mismo, el paciente se va haciendo autónomo.

¿A quién beneficia una psicoterapia de apoyo?

Para las depresiones ansiosas, las depresiones neuróticas y las depresiones reactivas es siempre aconsejable una psicoterapia de apoyo.

¿Pero, quién puede sacarle el mejor provecho? Cualquiera, capaz de interiorizar, de comprender lo que le está pasando a nivel de conflictos afectivos y psicológicos, de expresar verbalmente el propio sufrimiento. En estas condiciones, tres casos se benefician al máximo de una psicoterapia de apoyo:

— Las depresiones ansiosas en las que los procesos llamados "primarios", con fantasmas y obsesiones mórbidas trastornan los procesos llamados "secundarios", es decir, la actividad y el pensamiento lógico.

— Las depresiones con gran inhibición o postración, que traducen una regresión infantil. El terapeuta puede reconstruir los mecanismos de defensa y devolver al paciente la seguridad en sí mismo.

— Los síndromes ansiodepresivos o las depresiones enmascaradas, cuando los mecanismos de defensa, muy fuertes, bloquean la posibilidad de introspección del sujeto para poder comprender el problema real, la causa de su depresión.

¿Cómo actúa la psicoterapia de apoyo? ¿Es útil?

El terapeuta, que conoce las implicaciones de un acto psicoterapéutico, sabe también decodificar el sentido de una palabra clave, de un signo, de una acción para identificar en las señales no verbales el alcance real de la solicitud del paciente.

En una psicoterapia de apoyo no se pretende combatir sistemáticamente cualquier sentimiento de tristeza o de angustia. Ni se trata de disfrazar los problemas reales mediante respuestas que den seguridad al paciente y disimulen sus conflictos psicológicos profundos.

La psicoterapia de apoyo es un diálogo y una forma muy delicada de tratamiento. Se trata, para el psicoterapeuta, de "acompañar" al paciente hacia su curación, hacia el descubrimiento de algunas de las causas de su depresión de las cuales no se había dado cuenta, y de ayudarlo a aguantar el choque que le producen estos descubrimientos sin sentirse ansioso.

Pero lo que diferencia la psicoterapia de apoyo del psicoanálisis es que no hay "transferencia". El paciente no considera al terapeuta como uno de sus padres o como la persona amada, sino como un amigo que le ayuda a conocerse mejor. La actitud "neutra" y "benévola" es condición *sine qua non* en la psicoterapia de apoyo, para que el paciente recupere la confianza en sí mismo y pueda hacer frente a las frustraciones y angustias de su depresión.

El psicoanálisis

"El psicólogo hace sonreír, el psicoanalista hace reír, el psiquiatra hace correr". Este chiste muestra las falsas ideas que se tienen al respecto, así como el daño que la falta de un título profesional obligatorio hace al psicoanálisis. Porque no existe ninguna condición legal para abrir un consultorio de psicoanálisis. Sin embargo el psicoanálisis es, a un mismo tiempo, un arte y una ciencia.

El psicoanálisis consiste en traer a la conciencia, con la ayuda del psicoanalista, acontecimientos que se habían olvidado pero que permanecen en el inconsciente. Esto permite comprender mejor las propias dificultades y, en lo posible, suprimirlas.

Se dice que no es aconsejable el psicoanálisis en el curso de una depresión y que es más conveniente una psicoterapia de apoyo. Pero cuando se está saliendo de la depresión, el psicoanálisis puede evitar una recaída. Sigmund Freud fue el primero que utilizó el psicoanálisis, basándose en la actividad psíquica inconsciente e inaccesible por simple introspección pero revelada por ciertos fenómenos: sueños, olvidos, equivocaciones, asociación de ideas, actos fallidos. Particularmente estos últimos, como olvidar las llaves, vararse por gasolina cuando se va a una cita importante. Freud mostró que el espíritu humano puede ser involuntaria e inconscientemente el censor de sus pensamientos y fantasmas. Todo mundo sabe, hoy, que en una relación interpersonal cada cual tiene un inconsciente que se debe tener en cuenta. Hacerse un psicoanálisis es descubrir todos estos mecanismos, ventilarlos y eventualmente modificarlos cuando son fuente de problemas.

¿Cómo se desarrolla un psicoanálisis?

En cualquier país, el psicoanálisis se desarrolla según los siguientes principios:

— Durante la sesión el paciente habla espontáneamente de todo lo que se le ocurre: es la regla fundamental de la asociación libre de ideas.

— El paciente se encuentra recostado y el psicoanalista fuera de su vista, lo que favorece su neutralidad y permite al paciente proyectarle sus fantasmas.

— El ritmo y la duración de las sesiones se establecen en un "contrato moral" inicial: dos o cuatro veces por semana durante 15 a 60 minutos (generalmente 45). Este contrato moral establecido en la primera sesión permite, tanto al psicoanalista como al futuro analizado, juzgar si la relación puede ser eficaz.

El precio de la sesión también se fija de común acuerdo, teniendo en cuenta:

* que las sesiones de psicoanálisis rara vez son reembolsadas;

* que se deben pagar las sesiones a las cuales el paciente no acude;

* que los precios varían según el renombre del psicoanalista pero también según las posibilidades del paciente;

* que es indispensable el pago para que el paciente se sienta comprometido porque si no lo hace, puede experimentar un sentimiento de amor hacia su terapeuta (fase de regresión, en la que identifica, por ejemplo, a uno de sus padres con su psicoanalista): el pago de honorarios en este caso garantiza la neutralidad y permite comprender los mecanismos de la neurosis de transferencia.

— El psicoanalista es solo aparentemente neutro. En realidad el psicoanálisis es un viaje en compañía, viaje en el cual la experiencia del psicoanalista le permite ayudar a su paciente y controlar sus propias reacciones, lo que se conoce como la contratransferencia.

El psicoanalista ha sido caricaturizado, mostrándolo esotérico, silencioso, misterioso, inaccesible, encerrado en su silencio.

De hecho, si el psicoanalista habla poco es porque no puede explicar la interpretación de ciertos hechos psicológicos del paciente sino cuando está listo para acoger dicha explicación. Antes, podría herirlo y reforzar sus mecanismos de defensa, sobre todo ahuyentando aquello que no quiere recordar.

¿Cuál es el objetivo del psicoanálisis?

El psicoanálisis pretende hacer desaparecer los problemas psicológicos que incomodan, bien sea al sujeto o a sus allegados. Pero un psicoanálisis no dura unas cuantas semanas. Se trata de un trabajo largo y pesado que va a permitir al sujeto vivir mejor al haber podido comprender su psicología consciente e inconsciente. No es una modificación de la personalidad lo que se consigue sino de su funcionamiento en tres dimensiones:

— su dinámica, haciendo más armoniosos los conflictos internos;

— su estructura, por refuerzo de la autoestima, del yo, y debilitamiento de las prohibiciones inconscientes, del super-yo;

— su funcionamiento, mejorando el equilibrio entre los fines deseados y sus motivaciones psicológicas más profundas.

Se ha dicho que en un psicoanálisis la curacion se da "por añadidura". En efecto, vivir mejor gracias a los cambios psicológicos conseguidos y gracias a un mejor conocimiento de los propios mecanismos psicoafectivos ofrece la curación sin peligro de recaída.

También se ha dicho que una persona "es diferente después del psicoanálisis. Lo diferente es la manera como se relaciona con el mundo exterior y con él mismo. Si la autoestima ha sido reforzada, si ha logrado un mejor control de sus pulsiones y un mayor equilibrio, automáticamente habrá conseguido una mejor adaptación.

¿Cualquier persona puede psicoanalizarse?

No. Ya hemos visto que uno de los objetivos de la primera consulta con el psicoanalista es estimular la capacidad de análisis de la persona. El paciente tiene que poder hablar libremente mediante la técnica de asociación libre de ideas, por lo tanto tiene que saber expresar sus pensamientos y sus fantasías. También tiene que poder controlar la ansiedad que produce la actualización de los conflictos infantiles, es decir, necesita mecanismos de defensa psicológicos sólidos, por lo cual el psicoanálisis es contraindicado durante una fase aguda de la depresión. Finalmente, tiene que poder hacer una relación de transferencia con el psicoanalista sin incurrir en exageraciones. Otros aspectos entran en juego: una persona de escasos recursos no debe remitirse a un centro de psicoterapia no convencional; a una persona que tenga un trabajo absorbente no conviene darle demasiadas citas; la consulta no debe obligar a recorrer trayectos excesivamente largos y frecuentes.

En cuanto a la psicoterapia de inspiración analítica

Esta terapia se inspira en las mismas bases psicodinámicas: asociación libre de ideas y transferencia con el terapeuta. Pero es más sencilla; el paciente y el terapeuta se encuentran cara a cara, lo cual permite un mayor apoyo y un mejor control de los fantasmas y escapes que pueden presentarse durante el tratamiento. Por otra parte, en este tipo de terapia, el terapeuta explica lo que pasa, lo cual representa un notable apoyo para el paciente.

[illegible]

[illegible]

[illegible]

[illegible]

[illegible]

En cuanto a la necesidad de inspección analítica

[illegible]

CONCLUSION
La depresión no es forzosamente una enfermedad con recaídas

Hay que querer ser feliz y poner de su parte para ser feliz.

Alain, *Propos sur le bonheur*

El que sufre una depresión nerviosa se plantea, atemorizado, una pregunta: ¿cuándo me va a repetir? La depresión no es una enfermedad con recaídas que se repite periodicamente como un resfriado o una infección urinaria. La depresión es una enfermedad que se presenta un buen día, debido a una causa determinada, en un contexto determinado y en un terreno psicológico muy particular. Tratada correctamente, eliminada la causa, comprendido el contexto y, en caso necesario, analizado el terreno psicológico, la depresión no tiene por qué golpear nuevamente a su víctima. Pero sí es necesario un periodo de "convalecencia psíquica". Durante algunos meses, deben evitarse el estrés y otras agresiones psicológicas para impedir pequeñas melancolías normales que están lejos de ser una recaída. Lo mismo se puede decir de las depresiones melancólicas severas de la psicosis maníaco-depresiva. Después de la fase melancólica, el tratamiento con sales de litio permite esperar una completa curación en el 75% de los casos, con desaparición definitiva de las crisis depresivas. Tampoco hay lugar, en este caso, a temer una recaída.

La curación definitiva

> Sean felices ante todo, como dice el sabio, porque la felicidad no es fruto de la paz; la felicidad es la paz.
>
> **Alain, *Propos sur le bonheur***

Hay que repetirlo: hoy es posible curar definitivamente una depresión nerviosa. No hay recaídas. Hay depresiones insuficientemente tratadas, mal tratadas o no tratadas a tiempo.

Para una verdadera curación es necesario que se den ciertas condiciones.

En primer lugar, que la enfermedad sea reconocida a tiempo como tal y tratada por un médico competente.

En segundo lugar, que el tratamiento sea el adecuado al tipo exacto de depresión y al perfil psicológico del deprimido.

En tercer lugar, que los amigos y la familia acepten la verdad, sin pesimismo ni optimismo exagerados. Deben comprender el sufrimiento de la enfermedad depresiva. Deben responder sin sentimiento de culpa: en una depresión nadie es culpable o responsable. ¿Se busca a un culpable en el caso de una gripa?

El enfermo necesita comprensión, real, eficaz, que le ofrezca el apoyo moral y afectivo que necesita más que cualquier otra cosa. La comprensión tiene que estar acompañada de una sabiduría que le ofrece el psicoterapeuta: sabiduría para no olvidar que todo deprimido, hable de ello o no, puede poner fin a sus días y que, por lo tanto, una discreta vigilancia es necesaria; sabiduría para reconocer que los medicamentos antidepresivos son una ayuda pero no una "camisa de fuerza química" y para reconocer que una depresión no es un resfriado y que son necesarios varios meses de tratamiento; sabiduría para aceptar -y hacer aceptar al deprimido- que puede ser necesaria la hospitalización temporal.

La depresión nerviosa es una enfermedad de la soledad, una herida vital del alma solitaria. Por eso no tiene nada de extraordinario que la colaboración de los allegados sea particularmente útil para ayudar al deprimido a sortear los momentos críticos y a curarse.

Es conveniente saber que los momentos críticos son los de los primeros quince días, los del segundo y el tercer mes, cuando se puede verdaderamente salir de una depresión nerviosa. Una depresión resuelta en estos momentos no se repite.

Volver a vivir después de una depresión

> Ayer vi una rama a la que se le iban a caer las hojas y en ella vi retoños.
>
> **Alain,** ***Propos sur le bonheur***

No es una tara haber tenido una depresión. Está lejos de serlo. En los Estados Unidos la depresión se ha convertido en una enfermedad profesional que manifiesta la vitalidad de los ejecutivos.

Quienes han tenido una depresión que haya sido convenientemente tratada, estan de acuerdo en que después de esta experiencia su vida no es igual. Los valores personales, familiales y profesionales cambian después del remezón que se produjo en sus vidas. Con ayuda de la psicoterapia, la depresión puede ser ocasión para replantearse la vida. Por eso el individuo que la ha experimentado, ve las cosas de diferente manera.

¿Pero no es algo conveniente? El hombre progresa gracias a los golpes que recibe. Y la depresión nerviosa es un sufrimiento que golpea su vida, un dolor que hace daño mientras dura. Una vez curada, una depresión nerviosa hace a la persona más resistente, más sólida de cara a las agresiones del mundo en que vive. Por eso es importante comprender qué fue lo que produjo la depresión y conocer los elementos psicológicos subyacentes. Además es básica la relación de confianza entre el paciente y el psicoterapeuta.

Se dijo antes que la depresión nerviosa manifiesta la dificultad del ser humano para adaptarse al medio ambiente, una reacción de defensa y de repliegue ante las agresiones externas. Pero debidamente tratada, se convierte en factor de defensa: el individuo que ha comprendido sus flaquezas internas y sus carencias psicológicas fundamentales puede salir fortalecido. ¿Es necesaria una depresión para ser psicológicamente más fuerte? Ciertamente, no. Pero quien tuvo una depresión tiene más probabilidades de resistir una prueba grave que cualquier otro debido a la huella que la depresión dejó en su vida.

30 PREGUNTAS ACERCA DE LA DEPRESION

1. ¿La depresión es hereditaria?

No. La depresión nerviosa no se transmite genéticamente. En cambio, la depresión de la psicosis maníaco-depresiva si tiene un componente familiar hereditario (10% de las depresiones) que debe tenerse en cuenta.

2. ¿Existen depresiones sin causa alguna?

Sí. Es el caso de la depresión de la psicosis maníaco-depresiva, llamada también depresión primaria o endógena -sin causa externa-.

3. ¿Cómo comienza una depresión?

Casi siempre en forma insidiosa. Los trastornos se van sumando hasta configurar el cuadro completo de la depresión, cuyo principal signo es la profunda tristeza y el intenso dolor moral del deprimido.

4. ¿Cuáles son los signos que anuncian la depresión?

En primer lugar, los trastornos del estado de ánimo y del sueño; después vienen la angustia y la irritabilidad con progresiva indiferencia hacia el mundo exterior, aburrimiento sin límites; finalmente, las lágrimas, la tristeza, el sentimiento de fracaso y las ideas de suicidio.

5. ¿La depresión es incurable?

No. Salvo en algunos casos de enfermedad mental asociada, la depresión es actualmente curable cuando recibe tratamiento a tiempo y durante el tiempo necesario.

6. ¿Es posible quedar verdaderamente curado de una depresión?

Completamente curado. Pero para ello hace falta acudir al médico cuando aparecen los primeros signos.

7. ¿Existen probabilidades de recaída?

No, si la primera vez fue debidamente tratada. Por otra parte, el litio ha revolucionado el pronóstico de la depresión de la psicosis maníaco-depresiva al evitar la recaída.

8. ¿Quiénes son los que nunca pueden tener una depresión?

Nadie está exento de una depresión nerviosa, que no es vergonzosa, ni es una tara, sino una enfermedad como cualquier otra.

9. ¿Hay personas que resultan más afectadas que otras por la depresión?

Sí. Las mujeres resultan más afectadas que los hombres; los menos favorecidos social y profesionalmente; los solitarios; los viudos y los divorciados; los ancianos.

10. ¿Los jóvenes están expuestos a la depresión?

Sí. Particularmente durante la adolescencia. No obstante, el porcentaje de jóvenes afectados es bajo.

11. ¿La depresión es sinónimo de "locura"?

No. Se trata de una idea anticuada y equivocada. No se debe asimilar la enfermedad mental, cualquiera que sea, a la palabra "locura", término impreciso y peyorativo.

12. ¿La depresión afecta el cerebro?

No. Aunque es verdad que las hormonas cerebrales, o neurohormonas, intervienen en la depresión; el cerebro propiamente tal nunca resulta afectado por esta enfermedad.

13. ¿La depresión es verdaderamente una enfermedad o simple "teatro"?

La depresión es una enfermedad absolutamente real y si da la impresión de que un deprimido "hace teatro", por ejemplo amenazando suicidarse, es porque expresa realmente su profundo dolor moral.

14. ¿Los medicamentos contra la depresión son peligrosos?

Ningún medicamento es inofensivo, ni siquiera la aspirina. Pero los medicamentos contra la depresión no ofrecen peligro alguno si son administrados correctamente. Por otra parte, algunas drogas pueden generar una depresión, por ejemplo los hipotensores.

15. ¿Por qué se suicida la gente?

Por una parte, porque en el sufrimiento moral se pierden los valores vitales de referencia. Por otra parte, porque el instinto de conservación deja de jugar su papel. El suicidio, entonces, se ofrece como única salida.

16. ¿Hay que reprochar su acción a quien ha intentado suicidarse?

Ciertamente no. Con mucha frecuencia se comete este error: un suicida potencial o un suicida fracasado es alguien que se está sintiendo culpable y que pide ayuda.

17. ¿Se puede ayudar a un depresivo sin ser médico o psiquiatra?

Ciertamente que sí. La ayuda que se le presta, material, moral o psicológica, será más eficaz si se cuenta con la ayuda del médico del deprimido, pero el hecho simple de escucharlo representa una gran ayuda.

18. ¿Cuándo hay que tratar una depresión?

Lo más pronto posible, desde que se presenten los primeros síntomas, sin sentir miedo ni vergüenza de consultar al médico.

19. ¿Durante cuánto tiempo debe tratarse una depresión?

Cuanto más pronto se inicie el tratamiento, más corto puede ser. En general, para curarse hacen falta de dos a seis meses.

20. ¿Siempre es curable la depresión?

En la gran mayoría de los casos, sí. Solamente quedan mal curadas las depresiones que no son bien tratadas o las que son insuficiente o tardíamente tratadas, o aquellas asociadas a ciertas enfermedades, como un tumor cerebral o el mal de Parkinson.

21. ¿Qué se denomina depresión "enmascarada"?

Una depresión o dolor moral puede esconderse detrás de "máscaras" físicas: por ejemplo, dolores diversos o problemas digestivos.

22. ¿El alcohol está totalmente prohibido durante una depresión?

Es aconsejable evitar cualquier consumo de bebidas alcohólicas durante una depresión porque el alcohol no es compatible con los antidepresivos.

23. ¿El trabajo puede ocasionar una depresión?

Algunas veces, como cuando resulta excesivamente agotador: es lo que se llama síndrome de agotamiento.

24. ¿Es preciso acudir siempre al psiquiatra para una depresión?

No. Un buen médico general, dotado de sentido común y de capacidad para escuchar, puede ser suficiente para ayudar a un deprimido a curarse.

25. ¿Cuál es la diferencia entre psiquiatra y psicoanalista?

El psiquiatra es un médico que, además de escuchar al paciente, utiliza medicamentos para curar las enfermedades mentales. El psicoanalista no tiene que ser médico, no prescribe medicamentos y busca ayudar, escuchando, a los que sufren.

26. ¿Se tiene derecho a una pausa en el trabajo cuando se está deprimido?

Ciertamente. La depresión es una enfermedad como cualquier otra en la que puede ser conveniente o necesario dejar de trabajar durante algún tiempo.

27. ¿Hay que “sacudir” a los depresivos para ayudarles a salir de su crisis?

De nada sirve. Hace falta escucharlos para mostrarles que se quiere comprenderlos.

28. ¿Puede un niño tener una depresión?

Sí, sobre todo a los doce años. Bien tratada, no es grave.

29. ¿Por qué se duerme mal cuando se está deprimido?

Porque la depresión nerviosa perturba los ritmos hormonales del cerebro y el reloj cerebral del cuerpo deja de funcionar correctamente.

30. ¿Las “medicinas suaves” pueden curar a un deprimido?

Pueden ayudar el tratamiento clásico con medicamentos. Por eso, conviene tenerlas en cuenta. Pero por sí solas suelen ser insuficientes.

INDICE

HOLISTICA:

Una nueva visión de lo real

Pierre Weil

A lo largo de toda su obra,
con más de treinta libros publicados
en portugués, el profesor Pierre Weil, viene abordando
cuestiones fundamentales de la vida y de los anhelos del
hombre contemporáneo. Perdido en una sociedad fragmentada
y egocéntrica, ese hombre palpa los trozos de una realidad en
busca de un sentido y un significado para sí mismo y para el
universo. En HOLISTICA: una nueva visión y abordaje de
lo real, *Pierre Weil, va mostrando, con una habilidad maestra,*
diferentes rutas a través de las cuales es posible reencontrar
la unidad y la totalidad inherente al micro y macrocosmos.
La vivencia directa de lo real, su comprensión más profunda,
no es sólo una posibilidad en la vida individual sino también
un derecho genuino de su condición humana.
Lo reconoce y lo ejerce en una de sus
propuestas básicas contenida
en esta obra.

RELAJESE Y VIVA FELIZ

N. França - H. Rahm

"Relajación física y mental, imaginación positiva y creadora, ejercicios de "conversación mental", liberación del pasado, fuerzas psíquicas curativas, oración y proyección de energía, etc., son algunos de los temas, acompañados de sus respectivos ejercicios, que se encuentran en esta obra. Escrita de manera bella y sencilla, es de una valiosa contibución para ayudarnos a vivir mejor mediante el control de la mente, el uso de la imaginación y la comunicación profunda con Dios.

CULTIVE
SU AUTO IMAGEN

J. Maurus

"Cultive su autoimagen"
es un libro práctico. Proporciona ayuda
en cuanto: al conocimiento de sí mismo, a la estima
de sí mismo, al aprecio y al reconocimento de sí mismo,
y hasta la alabanza de sí mismo.
No lea este libro simplemente por aprecio a la lectura
en sí; léalo para sacar provecho de él; léalo
para vivir "bien" consigo mismo
y con los demás

COMO TRABAJAR LOS SENTIMIENTOS

Miguel Lucas

El hombre
es un gran desconocido
para sí mismo y para los demás.
Porque no se conoce, no es feliz. Porque
no conoce a los demás no puede hacerlos felices.
Porque no conoce ni a Dios ni al mundo no puede
sentir el gozo de su plenitud humana. Este
desconocimiento lo hace objeto de sentimientos
encontrados que le producen angustia, aburrimiento,
aridez y pérdida del sentido, con la consiguiente
agresividad en su interior y en las relaciones con
las demás personas. Cómo trabajar los sentimientos
presenta un método sencillo y profundo que a la vez
pone a nuestro alcance unos principios para
conocernos y conocer a los demas. Es un libro útil
para educadores, padres de familia,
hijos y para toda persona que desea
autoconocerse y conocer
a los demás.

TALLER SAN PABLO
SANTAFE DE BOGOTA, D.C.,
IMPRESO EN COLOMBIA — PRINTED IN COLOMBIA